U0145108

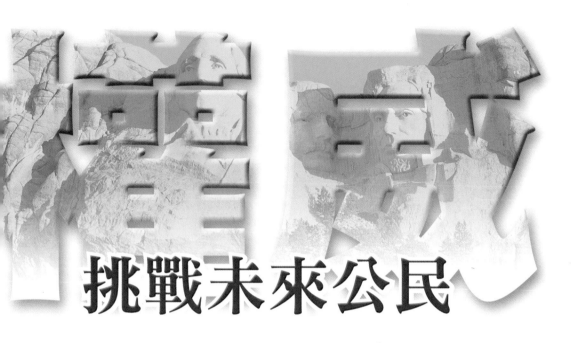

# 挑戰未來公民

Authority

Center for Civic Education 原著

財團法人民間司法改革基金會—法治教育向下紮根中心 策劃出版

國家圖書館出版品預行編目資料

挑戰未來公民：權威 / Center for civic
　　education原著；余佳玲譯. -- 初版.
　　-- 臺北市：民間司改會, 五南, 2008.03
　　面；　公分. -- (民主基礎系列)
　　譯自：Foundations of democracy :
　　Authority, Privacy, Responsibiliby, and  Justice
　　ISBN 978-957-97664-3-2(平裝)

　1. 公民教育 2. 權威

　528.3　　　　　　　　　　　97001761

**4T25**
# 挑戰未來公民——權威　　　　　　　　　　民主基礎系列

原著書名：Foundations of Democracy：Authority, Privacy, Responsibility, and Justice
著 作 人：Center for Civic Education（http://www.civiced.org/）
譯　　者：余佳玲
策　　劃：黃旭田、張澤平、林佳範
系列總編輯：洪鼎堯
本書總編輯：黃旭田
法治教育向下紮根中心
顧　　問：蘇俊雄、賴崇賢、康義勝
諮詢委員：民間司法改革基金會代表：黃旭田、林佳範、高涌誠、洪鼎堯
　　　　　台北律師公會代表：李岳霖、黃啓倫、張澤平、謝佳伯
　　　　　扶輪代表：張迺良、周瑞廷、陳俊鋒、周燦雄
編輯委員：黃啓倫、高全國、王劭文
責任編輯：侯靜娟、李奇蓁
設計完稿：P設計視覺企劃
出 版 者：財團法人民間司法改革基金會－法治教育向下紮根中心（www.lre.org.tw）
　　　　　Center for Law-Related Education,Judicial Reform Foundation
出版者電話：(02) 2521-4258 傳真：(02) 2531-9373
出版者地址：104台北市中山區 松江路90巷3號7樓
　　　　　Fl.7,No.3,Lane 90,Sung-Chiang Rd.,Taipei,Taiwan

合作出版：五南圖書出版股份有限公司
發 行 人：楊榮川
地　　址：106台北市大安區和平東路二段339號4樓
電　　話：(02)2705-5066（代表號）
傳　　真：(02)2706-6100
劃　　撥：0106895-3
網　　址：http://www.wunan.com.tw
電子郵件：wunan@wunan.com.tw
法律顧問：元貞聯合法律事務所　張澤平律師

版　　刷：2008年 3月初版一刷
　　　　　2013年10月初版四刷
定　　價：150元

## 挑戰未來公民—出版緣起

民間司法改革基金會法治教育向下紮根中心副主任　張澤平律師

　　本書原著是美國公民教育中心（Center for Civic Education：http:www.civiced.org）所出版的「民主的基礎：權威、隱私、責任、正義」（Foundations of Democracy：Authority、Privacy、Responsibility、Justice）教材中，適用於美國6至9年級學生的部分。原著的前身則是美國加州律師公會在1968年，委託設於加州大學洛杉磯分校（UCLA）的公民教育特別委員會，所發展的「自由社會中之法律」（Law in a Free Society）教材。教材的發展集合律師及法律、政治、教育、心理等專業人士共同開發而成，內容特別強調讀者的思考及相互討論。原著架構歷經將近四十年的淬鍊，目前已廣為世界各國參考做為公民教育、法治教育的教材。出版者有感於本書的編著結合各相關專業領域研發而成，內容涉及民主法治社會的相關法律概念，所舉的相關實例生動有趣，引導的過程足以帶動讀者思考，進行法治教育卻可以不必使用法律條文，堪稱是處於民主改革浪潮中的台灣社會所不可或缺的公民、法治、人權、品德教育參考教材，因此積極將其引進台灣。

　　這本書的主題——「權威」，是民主法治國家之所以能夠順利運作的重要機制。雖令人感到抽象不易掌握，但透過本書所舉的實例及相關問題，則不難領略其內涵。書中鮮少有空泛的論述，取而代之的是一個一個發生在社會中的實例及問題，以及解決問題的思考工具（Intellectual Tool）。書中從不直接提出問題的答案，而希望師長帶著學生，或讀者彼此之間，在互相討論的過程中，分享、思考彼此的想法，進而紮實的學習領會書中所討論的觀念。討論不僅可使這些抽象觀念更容易內化到讀者的價值觀裡，討論的過程更可匯集眾人的意志，進而訂定合理的規範，是民主法治社會中最重要的生活文化。（歡迎讀者至法治教育資訊網

# 出版緣起

www.lre.org.tw 參與討論）

　　引進本書其實也期望能改變國內關於法治教育的觀念。不少人認為法治教育即是守法教育，抑或認為法治教育應以宣導生活法律常識為主。然而，如果能引領學生思考與法律相關的重要概念或價值，則遵守法律規範，必然是理所當然的結果。懂得保護自己權益的人，當然也應當尊重別人的權益，更不必耗費大多數的課堂時數逐條詳述瑣碎的法律規定。由此可更容易理解，法治教育應對施教的素材適當地設計揀選，才能夠達到事半功倍的效果。此外，無論法治教育的施教素材為何，也應當都是以培養未來的公民為目標。過度強調個人自保的法律技巧，並無助於未來公民的養成，當非法治教育的重要內涵。現代法律隱涵著許多公民社會所強調的價值，例如人權、正義、民主、公民意識、理性互動等等，都有待於我們透過日常生活的事例加以闡釋，以落實到我們的生活環境中。未來能否培養出懂得批判性思考的優質公民，已成為我國能否在國際舞台上繼續保有競爭力，以及整個社會能否向上提昇的重要挑戰。

　　自2003年起，民間司法改革基金會即與中華扶輪教育基金會、台北律師公會共組「法治教育向下紮根特別委員會」，並由台北律師公會與美國公民教育中心簽訂授權合約，將其在美國出版的「民主基礎系列叢書－權威、隱私、責任、正義」系列出版品（含適用於美國2年級之前，及3至5年級之教材及其教師手冊）授權在台灣地區翻譯推廣，執行四年來，已在多所國小校園內實施教學，並榮獲教育部國立編譯館94年度、95年度獎勵人權出版品之得獎肯定。我們衷心期盼本書的出版能普遍喚起國人重視人權及民主法治的教育問題，也期待各界的支持與指教。（本書另有教師手冊出版計畫，請洽五南圖書出版公司）

張澤平

# 從威權到權威：台灣公民的挑戰

台灣大學法律學系　黃昭元教授

自1980年代中期以來，台灣社會歷經解嚴、修憲等自由化、民主化的鉅大轉變，過去種種禁忌、桎梏逐漸消失、解體，取而代之是活潑多元的民主價值，以及幾近於無所不可為的自由氛圍。在這種大環境下，要和學生談「權威」，甚至將「權威」當成正面教材來討論，似乎是有點反潮流的政治不正確之舉。一個不小心，「權威」就會變成或被當成「威權」，而成為另一個批判或反抗的對象。

然而，在擺脫過去威權宰制的同時，我們是否就不需要任何權威？不需要最低限度的秩序？不需要也不必接受任何限制個人自由的強制力？又人們要如何區別威權和權威？如何區別不合法、無正當性的權力（強制力）與合法、正當的權威？這些問題都是本書所要討論的主題。

本書在第一單元開宗明義地指出：會限制自由的權威，其實是保障自由所不可或缺的機制。自由與權威看似對立，但自由的保障本就以自由的限制為必要條件，並以個人承認並接受某種可強制干預、限制個人自由的合法權威為必要。源自個人內心的道德權威，固然也有其重要功能。但在現代民主國家中，在實踐上最常見或最重要的權威反而是法律、公權力、政府、國家等所代表的機制。而此權威機制的正當性何在？這本來就是政治哲學的核心議題之一，其重要性自不待言。對於台灣而言，這個問題的當下重要性更在於：當我們擺脫威權統治的同時，應如何重新思考並定位國家、公權力等權威機制的正當性？或比較各種權威機制的利弊得失（此為本書第三單元的重點）？

延續上述主題，本書在第二單元進一步探討以下議題：權威的正當性基礎或來源。本書指向了幾個重要因素：民主程序、權威執行者的特質與能力、實體內容（例如法律本身的合理性、符合憲法有關基本人權的規定）的正當性。由於本書是以美國社會為背景，顯然是已經預設以民主制度為權威存在及運作的前提。但對於像台灣這樣的新興民主國家而言，權威

（特別是國家權威）的民主正當性，卻可能是我們需要更強調的一環。在一方面，只有依循民主程序產生的國家權威，才值得接受與尊重。反過來說，只要是依民主程序合法產生的權威，也就應該得到必要的尊重。人民對於權威的過多或過少尊重，都會產生問題。

這就涉及本書第四單元的核心議題：權威的控制與監督，也就是我們一般常見的制衡問題。權力導致濫用，絕對的權力導致絕對的濫用，這已是老生常談。本書在此討論法律控制（如司法審查）和政治控制（如定期選舉）等方法，其他如公民投票之政治性控制或輿論監督等社會性控制，也都是屬於這方面議題的重要方法。

從以上的架構與內容分析可以得知，本書其實是一本有關美國憲政體制中政府權力與組織的基本教材。在編排方式上，本書不採平鋪直敘式的平面介紹，而以案例、問題為出發點，試圖激發學生的問題意識，並透過討論、對話的過程，刺激學生批判、反省的能力。不論是就教材內容或編寫方式來說，這套教材確實有其值得學習借鏡之處。

黃昭元

# 持續往前邁進的德先生、賽先生，加油！

中央研究院院士　曾志朗

　　我是個研究人腦思維系統與其運作方式的科學家，因此對人性與獸性的區辨非常在意。多年來，我們從考古人類學、人類文化學、社會生物學，及認知神經學的研究中，看到越來越多的科學證據都指向一個事實，即越來越精緻的社會互動功能，使人類文明脫離獸性，演化出完全不同的風貌，那就是發展出抽象的道德理念，並在體認社會公平與正義的重要本質之後，建立了制度與法規，一方面藉以壓制原始的獸性衝動與嗜血的掠奪本能，另一方面也使社會的進展與人民的生活有一致的目標。

　　但由於社會的組成非常複雜，人們的需求與喜愛多元多樣，個人的能力與性向也都各不相同，再加上知識經濟的推波助瀾，造成財富分配兩極化的不均勻狀態，使得社會正義的維持更為不易。解決這樣的難題，確實是當前社會最重要的工作，而解題的核心要件還是那兩個大家耳熟能詳的理念：深化民主、提升科學，也就是說，德先生要更加成熟，而賽先生更有創意。落實之道，還是要從教育的運作中紮根推廣！

　　我好高興看到民間司改會將出版為民主與法治教育而寫的書。我曾經寫過一篇文章介紹德先生和賽先生的共生關係，在那篇文章中，我和一位朋友的對話，似乎可以用來祝賀這本書的出版。讓我略作修改，並在此重述它們的精神，希望引起大家的深思與共鳴。

　　年輕朋友問：「曾老師，科學教育的普及會促使賽先生更高大，而德先生也更健壯嗎？」

　　我想了想，就回答年輕朋友說：「賽先生與德先生雖是同卵雙生子，卻不一定有相同的命運，由於客觀的環境不一樣，有些國家的賽先生長得快，德先生卻不怎麼樣，如當年德國的納粹及蘇聯政府。但這些是例外，真正的情形是，在全世界大多數的國家裡，我們往往可以從賽先生的健康指標去推測德先生的健康情形，也就是說，把全世界

將近192個國家的賽先生和德先生作一比對,則我們會得到一個頗為可觀的相關指數。」

年輕朋友搶著說:「但高相關並不能指出因果關係,所以我要問的應當是:『賽先生是德先生的驅動者』,還是『德先生是賽先生的保證人』呢?」

我說:「也許不應該太重視因果關係,重要的是如何維護與促進賽先生與德先生的共生體系,這就牽涉到這兩位先生共同基因的問題了。我想,構成健康的賽先生和健全的德先生都會動用到許多基本的元素,但歷史告訴我們,其中最重要的公分母可能只有兩個:一個是讓證據說話(evidence-based),另一個則是批判性思維(critical thinking),而這兩者也必須有相輔相成的共生關係才行!」

年輕朋友很是懷疑:「在一個八卦消息掛帥、口水唾沫橫飛的社會,德先生是病了,他金玉其外,敗絮其中。表面上說是言論自由,其實整個社會的可信度越來越低,德先生已經是為『德』不卒,病入膏肓了!賽先生堅持讓證據說話的精神確實是對症下藥的良方。但沒有藥引子,有用嗎?」

我接著說:「藥引子,就是提升批判性思考,這是賽先生最可貴的人格特質。批判性思考不是一味做負面的否定,它的精髓是尊重其他的意見與看法,即對任何已經被提出的看法或意見,必須去檢視它們的邏輯推論歷程,並針對其中的關鍵假設小心求證,包括論『證』與『證』據。這個態度是對事不對人,且批判的對象絕對是包括自己的理論與看法。現在社會上已經有越來越多的人養成要問問看有沒有第二種意見(ask for second opinions)的習慣了,這是好現象;但更重要的還是要看看,第二、第三或第四種意見有沒有支持的證據?否則尋求再多的意見也是白搭,只會增加思緒的混亂而已!」

年輕朋友點點頭說:「挑戰權威的態度,當然是保證德先生與賽先生茁壯的重要因素。但你能舉個最近科學界的實例嗎?」

我吐了口氣笑說:「我還以為你不會問呢!我正要告訴你一個令我頗為感動的例子。」最近我讀了一篇文章,講的是格陵蘭島(Greenland)在往後幾年到底會變綠還

是會變白？根據目前絕大多數專家與業餘科學人的看法，全球暖化的結果將使住在海岸線的居民陷入危機，因為暖化會使地球南北極的冰凍層融化，預計海平面在本世紀結束前將上漲77公分左右。海水漲、海浪高，當然對海岸線居民的居家安危造成威脅。的確，2002年格陵蘭島陸地上的冰層因地球暖化漸漸融解露出綠地，成為名實相符的「綠」島（Greenland）。這些證據使得大家更相信格陵蘭島有一天會被融解的冰水所淹沒。

「但是就是有不信邪的人！年初有一組在蘇黎士瑞士聯邦理工學院的研究者提出讓大家都跌破眼鏡的理論，他們研究南極圈的氣候變化，發現鄰近海洋的溫度升高後，會造成空氣中的水分增加，在寒冷的氣溫下，將會飄落更多的雪花。他們把在南極圈所得到的數據轉成各種參數，來模擬格陵蘭島在未來十年內因海洋加溫所產生的下雪量，結果是不減反增，也就是說，格陵蘭島不會變綠，反而會是白茫茫的一片呢！當然，這一群研究者也不忘記對自己的理論批評一番，認為若空氣中的二氧化碳持續增加，那冰層融化的程度和速度都會產生變化，屆時又可能綠意滿島嶼了！」

年輕朋友下了個結論：「讓證據說話加上批判性思維，其實也應該是德先生的必備特質，否則我們怎能檢驗民主選舉活動下，政治人物的承諾有沒有兌現？！」

我欣然同意：「科學人就是要孕育這兩個精神，使它們變成生活的態度。那時候，賽先生與德先生就是一家人了！」

在民主文明未臻成熟，而社會正義仍有待努力的台灣，讓我們共勉：德先生，賽先生，大家加油！

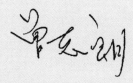

# 推薦序

## 法治教育必須向下紮根

陽明大學神經科學研究所　洪蘭教授

　　法治的社會需要法治的素養，這一點，我們台灣社會非常欠缺，大家只要從每天的新聞報導就可以窺知一二。

　　要有法治的素養必須要有法治的教育，這套書就是民間司法改革基金會用心搜尋國外法治教育的材料，參考各國做法，集思廣益的成果。他們將美國民主基礎系列叢書翻譯介紹到台灣來。「正義」、「責任」、「權威」、「隱私」這四個觀念是民主法治的基礎觀念，美國的小學生在上社會科的課時就反覆的學習如何尊重他人，如何保護自己權益。這套書的兒童版，故事淺顯易懂，而且附有注音符號，因為教育要從小教才會有效果，尤其是可以防身的知識越早知道越好，而且教會了孩子，父母受騙的機率也會減少一些，出版幾年來受到各界的好評，現在繼兒童版、少年版之後，以國中生、高中生為對象的青少年版，也即將發行，我有機會先睹為快，非常高興。

　　法律是社會正義的最後一道防線，法治教育若沒有向下紮根，台灣的社會沒有希望，必須人人有基本的法律觀念，知道自己的權利和義務才不會被人訛詐。英國的培根（Francis Bacon）說「知識就是力量」，知識的力量最顯著的效果大概就是在法律這個領域了。這個法治向下紮根的工作，在我看來，是個刻不容緩的事。

　　法治教育原是政府用公權力應該推的事，但是現在的政府忙著內鬥沒有時間做，這個責任就落在民間團體的肩頭上。我一直認為台灣的生命力在民間，凡是該做的事，都有熱心人士出來出錢出力，看了令人非常感動，不論政府的態度是什麼，台灣至少有這麼多有心人士願意貢獻一己之力使台灣的未來變得更好。有時想想，同樣講民主，台灣的民主為何會變色？我想最主要就是我們民主教育的程度不夠高，沒有民主的素養、法治的觀念，所以一樣叫民主，橘逾淮就為枳了。要改變現況，只有從教育著手，正確的觀念一定要從小灌輸，教育一定要從小做起。民間司法改革基金會的功德無量，它的影

響會長長久久。

　　這套叢書只是個起點，但願經過全民的努力，我們下一代能真正享受到民有、民治、民享的民主生活。

洪蘭

# 推薦序

## 為公民教育注入活水

台北市立教育大學教育系　湯梅英教授

　　「民主」最容易被人接受且最具感染力的說法，莫過於「以人民為主」、「人民是頭家」等簡單易懂，讓人朗朗上口的口號。誰不想當家作主呢？然而，「民主，民主！多少人假汝之名？」歷史教訓，殷鑒不遠。頭家要有什麼樣的能力，而不致淪為「只是一群會投票的驢」？在眾聲喧嘩、價值多元的世代，什麼是社會共享的基本價值？什麼是公民應有的能力？如何培養公民基本素養？對當前民主多元的社會而言，這些都是無法迴避且難以處理的課題，而教育似乎理所當然成為解決問題的不二法門，社會各界莫不認為教育應肩負培養公民素養，引導社會「向上提升」的責任。

　　其實，教育的範疇非常廣泛，除了學校外，社會、家庭及大眾傳播等都具有「教化民心」的功能。學校教育因較有系統、制度化，尤其公立學校，無論行政組織、師資、課程與教學、經費資源等「投入」，抑或學生學習表現的「產出」，都較容易掌握操控，而成為「眾望所歸」，或是「眾矢之的」，當然更是各方勢力競逐的焦點。社會報導自殺率升高，生命教育就應列入課程教學；交通事故多，中小學就必須加強交通安全教育；青少年犯罪案件不斷增加，於是舉辦法律大會考；腸病毒流行，小朋友就要學如何正確洗手⋯等等，學校成為應付各種問題的萬靈丹。然而，學校真能有效解決這些五花八門的問題嗎？為配合日益滋生的社會問題，學校的學習內容是否不斷增加卻降低素質？這樣的學習是否符合教育的目的？與培養公民素質有何關聯？抑或只是灌輸國家政府箝制人民的意識型態？因此，如果學校教育以培養公民基本素養為主，教什麼？如何教？應為最基本及核心的議題。

　　美國公民教育中心所規劃的民主基礎(Foundations of Democracy)系列課程，係以美國建立憲政體制政府的四個基礎概念：權威、隱私、責任與正義，作為公民素養的核心，揭示公民教育的基本內涵，清楚回應教什麼的問題。這套課程以學生日常經驗為基

礎，處處可見由淺入深、從具體到抽象的課程設計原理，發展出兒童、少年及青少年等不同階段，加深加廣、循序漸進的系列課程。由於西方啓蒙運動所強調理性思考、獨立自主的概念，實際伴隨民主社會的發展，因此，民主基礎系列課程的目的，係培養民主社會所需的知識、技能及態度，成為理性負責的公民，以維護社會正義、公平、自由和人權的理想。

民主基礎系列課程雖以權威、隱私、責任與正義四個基本概念為主，但實際教學設計卻非傳統的講述方式，而是藉由概念知識的學習，培養學生理性思考，鼓勵探究問題，發展社會行動的能力，實踐民主原則、程序和價值觀，幫助學生了解自身經驗與社會、政治環境之間的關係。因此，這套課程可融入歷史、政府制度、其他社會學科或是人文學科，以提供學生廣博、統整的學習經驗，教師必須扮演協助者的角色，讓學生學習如何思考並做出理性的判斷與選擇，而非灌輸式的教學，限制學生思考的方向與內容。

美國公民教育中心規劃的民主基礎系列課程，非常清晰並有系統的回應教什麼及如何教的問題，雖然課程設計係以建立美國憲政民主制度的基本原則和價值觀為主軸，但實際上權威、隱私、責任與正義等基本概念，並無國界、地域的區別，而可視為民主社會培養公民素養的核心。基於此，財團法人民間司法改革基金會法治教育向下紮根中心引介翻譯這套課程，作為推廣民主法治教育的基礎教材。「民主基礎系列叢書」兒童版（適讀年齡國小低中年級）及少年版（適讀年齡國小高年級～國中）皆曾分別獲國立編譯館94及95年度翻譯類獎勵人權出版品，並受到教育機構的重視。

現在民間司改會法治教育向下紮根中心又完成「民主基礎系列叢書」另一階段的譯著。相較於兒童版及少年版的圖文並茂及淺顯易懂，這套用於美國6至9年級的版本提供非常厚實、系統的知識，讓學生理解基本概念。例如：討論正義的概念，首先將正義相關問題分為分配正義、匡正正義和程序正義三類，然後一一釐清，並讓學生思考、應用這些概念，學習有效處理生活議題的程序、步驟與原則，培養負責公民所需的技能，在生活中實踐民主態度與精神。正如美國學者杜威在【民主與教育】一書所強調，民主並非僅限於政治的範疇，而是一種生活態度，與個人經驗及教育息息相關。

　　這系列叢書在美國係以國中以上年齡層為對象，由於知識內容豐富，問題討論頗為實用，在我國也適合高中程度以上的一般成年人及學校教師閱讀、參考。尤其，書中所提供的基本概念，不僅能充實教師的知識與技能，也可協助教師思考公民教育教什麼及如何教的問題。雖然如此，教師採用這份教材時，仍需敏感察覺書中的內容及問題討論是否存在文化、社會等差異？如何轉化教材，適時補充台灣本土的生活經驗與實例，以貼近學習者的經驗？在學校教學時數的限制下，如何善用這套教材？這些問題不僅考驗教師的教學專業能力，更挑戰教師對培養公民素養的教學信念。

　　民間司改會法治教育向下紮根中心翻譯出版「民主基礎系列叢書」，作為推動民主法治教育的教材，其用心與努力具體可見，令人感佩，也充分展現台灣民間社會的活力。民間力量生氣蓬勃、持續不斷，公民社會發展的步履豈會遲疑、蹣跚？希望因著「民主基礎系列叢書」的譯著出版，能為公民教育注入活水，故樂於作序推薦。

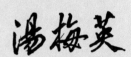

# 落實民主的眞諦

**民間司法改革基金會董事長　黃瑞明律師**

　　民主與法治是台灣過去20年來努力追求的目標，二大黨競爭激烈，幾乎年年有選舉。然而民主的眞諦卻絕非只是選舉，尤其是若抱著「贏者全拿」的心態參與選舉將導致政治不安，建設卻步，人民未蒙其利先受其害。

　　在人類政治史上，有許多追求民主而失敗的例子，甚至導致可怕的悲劇，值得警惕。

　　落實民主的眞諦，首先就是包容與尊重不同意見，了解人生與社會的多樣性，選舉的意義其實就要讓這些不同意見充分表達出來後作為施政的參考，而避免威權心態。

　　民主發展過程中一定會碰上社會資源分配的問題，也就是比較偏重發展或是分配的問題。人類曾經為了這些問題付出革命的激情和長期對立。每次選舉的政見歧異，其實都可以看到背後隱藏的「分配正義」的問題。

　　政治制度不管如何發展，檢證施政品質的最好的標準就是對於「人性尊嚴」的尊重程度，個人的隱私權和生命權正是人性尊嚴的底線。

　　以上的問題，是民主發展容易落入的陷阱。「民主的基礎系列叢書」對這些問題，分別從權威、隱私、責任與正義的觀點舉出淺顯的例子，導入問題，提供討論，是難得一見的落實民主基礎的好書，不僅青少年適合閱讀，成年人也可得到很多啓發。

黃瑞明

# 前言

## 有效的公民教育方案的特徵

**有效的公民教育方案，因為至少四項特徵而顯得與眾不同：**

■ 學生彼此間有大量互動。強調學生間互動和合作學習的教學策略，對於培養公民參與技巧和負責任的公民至為關鍵。這類教學策略的例子包括小組合作、模仿、角色扮演和模擬法庭等活動。

■ 內容需具現實性，且能平衡地處理議題。現實地與公平地處理議題，是有效的公民教育的必要元素；針對爭議的各個層面進行批判性的思考，亦同樣不可或缺。假如上課時我國的法律和政治體系被描述得彷彿完美無缺，學生會懷疑老師說話的可信度和課本內容的實際性。相反的，如果課文只列出這兩個體系失敗的例子，則會導致學生不大相信這兩個體系可用於維持社會的秩序和公平。是該尊重法律和政治體系，還是針對特定案例中體系的適用情況提出建設性的批評，兩者間應該取得平衡。

■ 運用社區資源人士參與課程進行。讓學生有機會與工作於我國法律和政治體系內的各種成人角色典範互動，能使上課的效果更好更真實，對於培養學生對法律和政治體系的正面態度，亦有很大的影響力。在課堂之中善用專業人士的參與（如：律師、法官、警察、立法者等等），能有效提昇學生對公民應有表現相關議題的興趣，使得學生對老師和學校有正面的回應。

■ 校長和學校其他重要高層對公民教育堅決支持。要在校內成功推行公民教育，必須得到學校高層的強烈支持，尤其是學校校長。學校高層採支持的態度，有助於公民教育的實施，他們可以安排活動讓同儕之間能夠相互激勵、獎勵有傑出表現的老師、協助老師對校外人士說明教育計畫的內容和制訂這些計畫的根據，以及提供相關人員在職訓練的機會，以取得實踐公民教育計畫所需的知識和技能。此外，要成功施行公民教育，老師及其同事對此持正

面態度是非常重要的。

　　成功的公民教育方案會引導學生積極參與學習過程，以高度尊重學生做為一個「個人」的方式來進行。反思、省思和論述，會被重視且有計畫地達成。知識和人格的培養是同時並進的，而在我國的憲政民主體制內，此二者對於培育出負責任的公民同樣重要。我們在規劃時即致力於將上述重要特點納入「民主的基礎」系列課程中。

## 課程理念

　　規劃這個「民主的基礎」系列課程，是基於一項根本假設，亦即教育能讓人更能也更有意願表現出知書達禮、認真負責的行為。因此，教育機構必須扮演協助學生的角色，讓他們更懂得為自己做出明智的選擇，學習如何思考，而非該思考些什麼。在自由的社會中，灌輸式的教育方式並不適合教育機構採用。

　　成立公民教育中心是基於一種信念，亦即以上述觀念為基礎的課程所提供的學習經驗，有助於教化學生，使他們願意理性而全心地投身落實各項原則、程序和價值觀，而這些正是維繫及提昇我們的自由社會所需。

## 課程目標

「民主的基礎」系列課程是設計來：

■ 促進對於我國憲政民主制度及這些制度據以建立的基本原則和價值觀的了解
■ 幫助青少年培養成為有效能而負責任的公民所需的技能
■ 增加對於做決定和處理衝突時，能運用民主程序的認識與意願，不論其是在公或私的生活中藉由研讀「民主的基礎」系列課程，學生能發展出辨識需要採取社會

# 前言

行動問題的能力。他們會被鼓勵透過具知識性的問題探究,而能接受隨著享受公民權利而來的責任;一個建基於正義、公平、自由和人權理想的社會是否得以存續,這些責任即係關鍵所在。

## 課程組織

「民主的基礎」系列課程不同於傳統式教材,焦點並非放在事實、日期、人物和事件。相反地,它是放在對於了解我國憲政民主制度極為重要的觀念、價值和原則。這套課程以四個概念為中心:權威、隱私、責任及正義,這些概念構成了公民價值和思想的共同核心的一部分,是美國民主公民資質理論與實踐的基礎。這些概念並不連續或彼此互不相連,且有時會相互牴觸。這些概念可以有許多不同的解釋,就像所有真正重要的觀念一樣。

老師可以在課堂上講授「民主的基礎」系列課程全部的內容,也可以選擇與學校或地區一般課程目標和學習成果有關的特定觀念來傳授。教導這些概念毋須按照任何特定順序,然而,假如你選定某一課教授,頂多只能完成該課之目標,而無法達到整個單元或概念的目標。

這套課程的四個概念各分成四個單元來探討,每個單元都是在回答一個與相關概念的內容和應用有關的根本問題。以下簡述每個概念的四個單元:

**權威**

第一單元:何謂權威?

學生學習權力和權威間的關係,研究權威的各種來源,並藉由分析缺乏或濫用權威的情況,來建立對權威面向的認知。然後探討可以怎麼睿智

而有效地處理這類情況。

第二單元：如何評估規則與法律的好壞？如何判斷候選人是否適合某項權威職位？
學生學習必要的知識和技能，而能在面臨與規則或擔任權威職務者有關
的問題時，做出有根據而合理的決定。

第三單元：運用權威的利弊得失
學生了解每次權威的行使，必定會為個人和社會整體帶來某些好處和壞
處。了解權威所產生的利益和損失是必要的，如此才能針對權威應有的
範圍和限制做出明智的決定。

第四單元：權威的範圍與限制
這個單元讓學生懂得如何來對權力及其限制做出決定，亦即能對特定權
威或職位予以限制，而使其運用能有效而不會過當。

正義

第一單元：何謂正義？
這個單元有助於學生了解正義相關問題可分成三類：分配正義、匡正
正義和程序正義。學生學會如何分辨這三種正義問題，並解釋為什麼
辨別這三種正義間的差異是十分重要。

第二單元：何謂分配正義？
這個單元有助於學生明白何謂分配正義，或社會中個人和團體之間利益
或負擔的分配是否公平。學生了解所謂的利益可能包括工作的薪餉、發
言或投票的權利；負擔則可能包括做家事或納稅等責任。學生學到一套
能有效地處理這類議題的「思考工具」。

第三單元：何謂匡正正義？

　　這個單元讓學生了解何謂匡正正義，或如何公正或適當地針對錯誤和傷害做出回應。學生學到一套能有效地處理這類議題的「思考工具」。

第四單元：何謂程序正義？

　　這個單元幫助學生了解何謂程序正義，或用以搜集資訊及決策的程序是否公平。學生學到一套能有效地處理這類議題的「思考工具」。

第一單元：責任的重要？

　　這個單元幫助學生了解責任對個人和社會的重要性。學生檢視責任的來源，以及履行和不履行責任可能導致的結果。

第二單元：承擔責任的益處和代價

　　這個單元讓學生明白履行責任可能會產生某些結果。有些結果是好處，有些則是壞處。學生學到在決定哪些責任比較重要，應該加以履行時，懂得辨別利益和損失是很重要的。

第三單元：如何處理無法同時兼顧的數項責任？

　　這個單元有助於學生了解我們常面臨相衝突的責任、價值和利益。學生學到一套可用於理智抉擇哪些責任應該履行以及哪些價值和利益是應該追求的目標的「思考工具」。

第四單元：誰該負責？

　　學生自這個單元學到可用於評估和判斷某項事件或情況應該由誰負責，決定誰應該受到讚揚或責備的「思考工具」。

隱私

第一單元：隱私的重要？

這個單元有助於學生界定何謂隱私，了解隱私的重要性，辨識及描述不同情況中一般被視為隱私的事項，並分辨有隱私和沒有隱私的情況。

第二單元：哪些因素會造成不同的隱私行為？

這個單元有助於學生了解，造成個人隱私行為不同的因素。學生學到雖然所有文化當中都有隱私這個概念，但無論在單一文化中或不同文化間，個人的隱私行為常有所差異。

第三單元：保有隱私的益處和代價

這個單元幫助學生了解保有隱私會產生某些影響，有些影響是益處，有些則是代價。學生也會學到不同的人對於特定情況下隱私權是否應受到保障，可能有不同的想法。

第四單元：隱私的範圍與限制？

這個單元有助於學生明白身為公民必須面對許多重要議題，其中最重要的一些議題與隱私的範圍和限制有關。我們會允許人們在哪些事情上保有隱私？什麼時候隱私必須為了其他的價值而有所犧牲？

　　「民主的基礎」系列課程雖然本質上是在講述概念，但實際卻是以學生的日常經驗為基礎。這套課程的獨特之處，在於幫助學生了解他們的自身經驗與社會和政治大環境之間的關係。

　　這套課程在設計上可融入歷史、政府制度、其他社會科或包括語言學之一般人文課程中。

（本文由師大公領系副教授林佳範摘錄改寫自「民主基礎系列」6至9年級版本教師手冊）

「民主的基礎」系列介紹四個概念，這四個概念構成了美國憲政體制政府的基礎：權威、隱私、責任與正義。你將會明瞭這些概念，知道這些概念的重要性。

要了解美國政府據以建立的原則，當然並不是只懂得權威、隱私、責任與正義等概念就已經足夠，不過這幾個概念將有助於你明白憲政民主與不自由的社會間的重要差異。

我們將會學到民主社會的一些核心價值，我們必須付出一些代價，或承擔一些責任。我們也會知道很多時候我們必須在相衝突的價值及利益之間做出困難的選擇。

我們將有機會針對運用權威與保護隱私的情況加以討論，也會有機會根據不同的情況，決定應該如何履行責任和實踐公平正義。

我們會學到各種用以評估這些情況的做法和觀念，也就是本書所謂的「思考工具」。有了思考工具，我們在面臨權威、隱私、責任與正義的相關問題時，就能想得更清楚透徹，形成自己的立場，並提出支持自己立場的理由。

我們所習得的知識和技能將能幫助我們面對日常生活中絕大多數的情況。而藉由獨立思考、做出自己的結論以及為自己的立場辯護，我們就能在自由的社會中扮演更有用、更主動的公民角色。

撰寫《獨立宣言》（Declarration of Independence）的美國總統湯瑪斯・傑佛遜（Thomas Jefferson，1743～1826）

「我們認為以下所述均為不證自明的真理……人民建立政府，而政府的正當權力，係得自受統治者的同意……」

這段文字引自《獨立宣言》，其中提到了美國政府據以建立的根本概念。我們──人民賦予民意代表管理我們的權力與權利（也就是權威），又賦予政府制訂和執行法律的權利，並同意遵守這些法律。

身為公民，我們有權利過問政府如何運用我們所賦予的權威，並藉由投票以及參與其他政治活動來行使這項權利。法院的作用則在於確保政府運用權威的方式符合法律和憲法的規定。

身為自由社會的公民，人人都有責任明智地處理有關權威的議題。我們必須了解權威這個概念，並適當地決定權威的運用方式。

本書針對權威這個概念加以探討，應能讓我們對權威存在的目的和用途有更深一層的了解，也能讓身為自由社會公民的我們，更懂得如何處理日常生活中的權威議題。

# UNIT 1

● 這些圖片顯示哪些關於權威的例子？

單元目標

　　本單元介紹權威這個主題。我們可能因自身經驗而對權威有相當程度的了解，每天都看得到權威在作用。事實上，自我們出生那天起，就以某種方式接觸到了權威，所有人都是如此。

　　當我們談論法律和其他規定時，我們就是在談論某一種權威。當我們思索某人是否有權利告訴我們什麼該做、什麼不該做，我們就是在思考一個有關權威的問題。權威涉及到規定，也涉及到人──有權力命令他人的人。

　　他人什麼時候有權利吩咐我們做事？父母是否有權利規定我們幾點要回到家？政府的官員是否有權利告訴我們年滿18歲前不能開車？警察是否有權利強迫我們遵守我們認為有問題的規定？

　　上述問題都和權威有關，而與權威有關的問題時常不容易找到答案。有一些史上相當傑出的思想家都曾嘗試回答以下問題：什麼是權威？為什麼需要權威？應該如何運用權威？在接下來的課程中，我們將有機會思考這些問題。首先要處理的問題就是：「何謂權威？」

## ▌第一課「權威」與「沒有權威的權力」有何不同？

### 課程目標

　　本課說明權威的定義，並讓學生有機會在學習的過程中運用這個概念。此外，在這一課當中，學生也會學到「權威」與「沒有權威的權力」有何不同。

學習
術語　　權力　權威　風俗習慣　道德標準

批判思考 練習

### 辨識「權力」與「權威」的差異

地鐵遇劫

　　在某些都市，地鐵犯罪問題相當嚴重。在地鐵上閒晃的幫派份子有時會威脅、搶劫乘客，有時也會發生攻擊乘客的事件。

　　有天晚上，兩名幫派份子裝扮的青少年進入地鐵車廂，其中一名從外套內掏出槍來，要求一對老夫婦把錢和珠寶交出來。

　　同車的一位警官拔槍接近這兩名青少年，大喊：「別動！把槍放下！把手舉起來！」他很快地逮捕這兩人，並將他們戴上手銬。

●圖中誰有權利行使權力？

## 你的看法如何？

1. 故事中，青少年和警官間有哪些類似的舉動？

2. 兩者的舉動又有哪些相異之處？

3. 哪一方在運用權力？哪一方有權利行使權力？哪一方沒有？試說明理由。

## 何謂權力？何謂權威？

　　上述的故事說明了權力與權威間的差異，了解這兩個概念間的不同十分重要。

■ 權力是能夠控制或指揮某事或某人的能力。

　　人有時有行使權力的權利，有時沒有。例如：我們的同學試圖強迫我們去做某件我們不想做的事，他們或許有權力這麼做，但卻沒有這個權利。警察在路上指揮交通，則是同時具備這麼做的權力和權利。

■ 權威是一種力量，這種力量是有合法權利可以行使的力量；簡言之，權威是具有正當行使權利的權力。

讓人能運用權力的權利通常源自風俗習慣（傳統）、法律及道德標準（對與錯的基本觀念）。例如：

● 如果我們做錯事，我們的父母有權給我們適當的懲罰。他們之所以擁有運用這項權力的權利，是風俗習慣、法律及道德標準所賦予的。

● 老師有權決定教學方式，因為法律給予他們運用這項權力的權利。

● 國會擁有立法權（制定法律的權威），原因是憲法賦予國會行使這項權力的權利，而人民也同意遵守憲法的規定。

● 老師的權威從何而來？

批判思考 練習

## 辨識「運用權威」與「沒有權威而使用權力」的情況

這個活動能讓我們練習辨別運用權威與在沒有權威的情況下使用權力的差異。閱讀下面9個假設情況，然後回答之後的問題。請向同學說明你的答案。

1. 陪審團裁決史瑪姬的搶劫罪名成立，法官判她入獄服刑。

2. 裁判要打架的兩個球員退場。

3. 自瑪莉亞有記憶以來，全家在晚飯前的禱告一直都是由她的父親帶領。

4. 克里斯的父母出門了，他們不在的時候，家中大小事務均交由克里斯決定，克里斯於是告訴弟弟不准碰他的電腦。

5.華鮑伯的個子比他多數同輩都還要來得高大，他在排隊看電影時插隊。

6.校長從學生的手上奪下小刀，然後把他送交警方處理。

● 學校的校長擁有什麼權威？

7.有群學生想要在華盛頓公園舉行抗議活動，市議會駁回了他們的申請。

8.有群學生由於不滿校園暴力的情況越來越嚴重，於是齊聚校長室抗議，要求校長裝設金屬感應器，以及僱用武裝警衛來維護校園秩序。他們表示除非校長同意他們的要求，不然他們不會離開。

9.李里察對兒子說，因為他沒有遵守門禁時間，所以要被禁足一個禮拜。

### 你的看法如何？

1. 在這些假設情況中，哪些是運用權威的例子？為什麼？

2. 在這些假設情況中，哪些是在沒有權威的情況下使用權力的例子？試說明理由。

3. 為什麼我們應該明白權力和權威間的差異？

## ● 課後練習

在學習權威這個概念的過程中，你應該養成寫筆記的習慣。

■ 請描述兩個真實或假設的情況，一個情況是運用權威的例子，另一個則是沒有權威卻使用權力的例子。以圖畫或文字來描述皆可。

■ 從報紙或電視新聞，找兩篇文章或報導，代表運用權威的情況或沒有權威卻行使權力的情況。請向班上同學講解這些文章如何呈現權力和權威的概念。

# MEMO

# 第二課 為什麼我們需要權威？

## 課程目標

在本課當中，我們會學到權威的一些功用，也有機會檢視缺乏權威的情況，並了解沒有權威會產生哪些問題。上完這一課後，我們將能夠說明應該如何運用權威來解決這些問題。

### 學習術語

利益　代價

## 假如沒有權威，可能會發生什麼事？

想一想我們每天得遵守的規定，以及指揮我們做事的權威人士。我們可能會認為要遵守的規定似乎太多了，甚至覺得太多人擁有權威。

不過，我們是否想過如果世上沒有任何規定，也沒有任何人擁有權威，可能會出現什麼情況？假如有人開始製造麻煩，會有什麼結果？假如應該完成的工作都沒有完成，又會產生什麼問題？誰會負責解決爭端或保護眾人的權利？誰讓政府運作？甚至還會有政府的存在嗎？

## 你的看法如何？

想像有天早上我們醒過來，世上不再有權威，所有的規定、法律、警察、法院、老師、校長以及政府都消失了。

1. 可能會出現什麼問題？

2. 我們要怎麼保護自己的權利？

3. 我們還會有任何權利嗎？

### 認識權威的功用

　　以下故事摘錄自馬克‧吐溫（Mark Twain，1835～1910，美國著名文學作家）的作品《苦行記》（Roughing），為一個以美國西部拓荒時期為背景的故事。在馬克‧吐溫所描述的那個年代，人們常動用私刑。閱讀下面的故事時，請想想在缺乏有效權威的當時，引發了哪些問題。

#### 苦行記

　　在這個鎮上，魔鬼似乎再次掙脫枷鎖。街上槍聲不斷、刀光閃爍，有如過去一般。平靜的日子久了，眾人不會輕易刀槍相對，不過一旦見血，就會衝突不斷。

　　前天晚上傑克‧威廉斯才遭到暗殺，昨天上午因威廉斯的死又衍生了更多流血事件，地點就在他被殺的同一條街上。事情的發生經過似乎是威廉斯的朋友湯姆‧里德和肉店老闆喬治‧甘伯特兩人在甘伯特的店裡聊天，談到前一天晚上威廉斯的死，里德說以這種方式射殺一個人是最懦弱的行為，讓他「一點表現機會也沒有」。兩人一番爭執後，甘伯特拔刀在里德的背上捅了兩刀。

　　里德被帶到歐文斯醫生的診所，醫生妥善包紮好他的傷口。受到酒精的影響，里德並不覺得傷口會痛，於是他又起身回到街上。

　　● 缺乏權威會如何導致眾人的生命、自由與財產陷入危機？

　　他走向肉店，繼續和甘伯特爭吵，威脅要殺了他。甘伯特在聽到這些威脅後去買了把槍，然後回來對里德開了兩槍。醫生看過里德的傷勢後，認為他康復的機會渺茫。

　　事件發生當時，附近街道上有很多人，有些人看到甘伯特舉槍時對他大喊：「住手！」「別開槍！」

　　槍響後，街上立刻擠滿了住在這個區域的鎮民，有些人看起來很興奮，還笑著說這就跟「美好的60年代」一樣……四周都有人在竊竊私語，說事情不會就這樣結束，夜幕降臨前，還會有五、六個人被殺。

## 你的看法如何？

1. 這個小鎮因為缺乏有效的權威而導致哪些問題？

2. 如何運用權威來解決這些問題？
   (1) 我們的社會是否也有因缺乏權威而產生的類似問題？
   (2) 有哪些方法可以解決這些問題？

## 如何運用權威？

　　從前面的故事，我們了解到欠缺有效權威可能產生的問題。正如馬克‧吐溫所描述的，昔日西部的生活有時既暴力又危險。權威可以發揮保護我們生命權、自由權和財產權的作用。

■ 權威可以為眾人的生活帶來秩序和安全。例如：空中交通的管制人員可預防意外發生，讓搭飛機的乘客得以安全。

■ 權威可用於和平而公正地解決紛爭。例如：裁判監督棒球賽的順利進行，也負責解決可能出現的爭端。又例如：法院處理人們因財產或其他事務所生的爭端。

■ 權威可用於保護重要的權利和自由。例如：美國憲法第一修正案保障人民的言論自由和信仰自由。

■ 權威可用以確保眾人公平分享利益（好處）、分擔責任（壞處）。例如：法律確保所有小孩都有機會接受免費的國民教育；父母可以要求子女幫忙做家事。

## 批判思考練習

### 找出與權威有關的問題

在閱讀下列故事時，找出需要運用權威才能解決的問題，然後回答之後的問題。

## 太平洋高中的問題

愛莉莎・漢普敦一衝過終點線，群眾立刻爆出歡呼，她剛以破紀錄的時間跑完女子400公尺接力賽的最後一段賽程，太平洋高中因而獲得足夠的積分，成為第一次男女選手同場競技的州田徑賽冠軍。

在返回太平洋高中的路上，隊上有些人注意到他們的教練一直盯著車窗外面看，其中一人問道：「里德老師，你在想什麼？為什麼你不像其他人一樣慶祝呢？」

● 如何運用權威來確保公平？

她回答：「我只是在想我剛到太平洋高中教書的那年，情況跟現在有多不一樣。那年我們也是拿到了州冠軍，不過當時田徑場上卻只有啦啦隊員是女孩子。」

另一個人問道：「老師，當年沒有女子田徑隊嗎？」

她答道：「喔，是有一隊，但是我們沒辦法跟男孩子一起去參加州錦標賽。如果我們可以找到足夠的家長載我們到波特維勒集合練習，就算是很幸運的了。當年女子隊不像男子隊一樣受到重視。女子運動項目幾乎拿不到什麼預算。」

「那時我是女子隊的教練，待遇跟男子隊的教練不同，我只有在一般上課時間指導學生練習才有薪水可拿，課後訓練學生是不算薪水的，等於是在做義工。女子隊要用田徑場，得等男子隊練完。而因為我們從來沒辦法確定他們什麼時候練習結束，所以常必須在旁邊等。我們通常都到天黑以後才練習完畢，加上我們只能使用老舊的器材，因此常常有人受傷。」

有一人問道：「情況是怎麼改變的？」

「國會通過了一項法律，規定接受政府補助的學校必須確保男女學生在所有學校活動中機會均等。多數學校都有接受聯邦政府的補助，所以這項法律使得一切改觀。然後各州的教育部門開始派人檢查學校是否依法行事，使得情況更進一步改善。」

愛莉莎問：「如果你說的是真的，那為什麼女子籃球隊每個禮拜只能用兩次體育館？還有為什麼我們沒有體操隊？很多我認識的女孩子都很想參加體操比賽。」

波妮補充說：「聽說女子隊教練薪水比男子隊教練少，這似乎不怎麼公平。」

里德老師說：「這一切還有進步的空間，不過至少情況漸漸在改善。現在來慶祝吧，畢竟我們拿到了州冠軍啊！」

## 你的看法如何？

1. 幾年前太平洋高中發生了什麼問題？

2. 當時是怎麼運用權威來處理這些問題的？

3. 太平洋高中還有哪些問題尚未解決？

4. 你有什麼想法？
   (1) 可以如何利用權威來解決這些問題？
   (2) 在遭遇類似情況時，可以採取哪些做法來改變現狀？

# 課後練習

1. 在你的筆記裡寫則故事，描述在你生命中的某個時期，如何因缺乏權威而無法解決問題的特殊情況。說明當時權威可能帶來哪些益處。例如：你是否曾看過權威用在制止同學打架上？你也可以以漫畫的形式把故事呈現出來。

2. 找最近這幾天的報紙，把你看到因為缺乏權威所發生的問題記錄下來。並寫封信給報社編輯，向他建議可以如何運用權威來處理其中一個問題。

3. 在看你喜歡的電視節目時，請注意其中是否有運用權威來解決問題的情節。並與班上同學分享你的觀察結果。

## ▌第三課　權威可見於哪些地方？為什麼權威具有正當性？

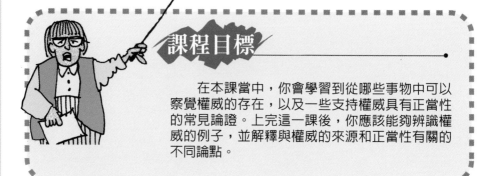

### 課程目標

　　在本課當中，你會學習到從哪些事物中可以察覺權威的存在，以及一些支持權威具有正當性的常見論證。上完這一課後，你應該能夠辨識權威的例子，並解釋與權威的來源和正當性有關的不同論點。

**學習術語**

角色　機構　權威來源　同意　至高無上
君權神授

### 權威可見於哪些地方？

　　權威可見於哪些地方？我們只要環顧日常生活，就會看到擁有權威的人管理我們和我們的舉動。許多人都有權規範我們的行為，父母、教師、警察，以及政府官員。另外，我們也同時受到法律及其他規定的控制或影響。一些最常能夠察覺權威存在的事物，包括：

■ **角色**：某些角色（工作或職位）負有能規範或控制眾人行為的權威，無論由誰擔任這些角色都是如此。例如：不管是誰當上警察，都擁有要求他人遵守交通規則的權威。

■ 機構：由一群人共同工作的機構或建立的組織，擁有可以指揮或左右他人的權威。例如：國會有立法權，而人民必須遵守其所訂立的法律。

圖片來源：由聯合報系提供

● 國會擁有什麼權威？

■ 法律和其他規定：人們必須遵守的法律與規定都具有權威。例如：假使你遵守某一項法律規定去上學，就表示你承認該項法律的權威。

■ 風俗習慣：或說是傳統，可能常在根深蒂固後被認為具有權威。比方說：假如你遵照「先到先服務」的規矩行事，表示你認知這項存在已久的習慣具有權威。如果你不是先幫排在隊伍前面的人服務，而是反其道而行，很可能因而招致強烈反彈，這就表示這項習慣已經具備了權威。

■ 道德標準：道德標準（對與錯的基本觀念）對於我們的行為有很大的影響力。大部分人通常會做對的事情。有些人這麼做主要是由於不想因犯錯而遭到處罰。然而，很多人之所以做正確的事情，是因為他們相信這是他們該做的。例如：一般而言，多數人會儘量以公平而仁慈的態度對待他人。

● 如果不會被抓，你會去偷東西嗎？

### 找出與自己有關的權威例子

　　請想想從早上醒來到此刻，自己遭遇過哪些形式的權威。寫下你今天接觸到哪些擁有權威的角色、機構、法律、規定、風俗習慣或道德標準，各舉一例即可，並與班上同學討論你的例子。

### 權威的來源是什麼？

　　我們現在知道可以從一些地方察覺權威的存在。約束或規範我們行為的權利，可能掌握在扮演某些角色的人手上，也可能為機構、規範、風俗習慣或道德標準所

擁有。但是這項權利從何而來？起源於何處？例如：警察為什麼有權利指揮我們？國會為什麼有權通過法律，而我們為什麼必須遵守？簡單地說，權威的來源是什麼？

　　有時某項規定或職位的權威來源可能要經由一些步驟來追溯。比方說：老師維持班級秩序的權威可以追溯至管理學校的校長身上，是校長僱用了老師，然後追溯到任命校長的教育官員，最後再到負責指派教育官員的教育委員會。接下來還可以繼續追溯到各州的教育委員會，然後再到教育規範，這些規範讓各州的教育委員會有權制訂經營學校的相關規定。最後，老師的權威可以追溯至制訂相關規範的州議會，然後到設立州議會的各州憲法。

● 你知道怎麼追溯老師權威的來源嗎？

然而，最後我們可能會問：這些政府或風俗習慣和道德原則所擁有的權威，它的「最終來源是什麼？」

我們可以依據前述答案來判定權威是否具正當性。也就是說，檢視政府、風俗習慣或道德標準的權威來源，有助於我們決定是否應該加以遵守。例如：有些風俗習慣的最終權威來源，可能只因為長久以來一直都是這麼做的，所以眾人未經思索就加以接受。假使沒什麼好理由支持著這些風俗習慣，你可能就不再加以遵守。

## 有哪些論點被用來支持統治者和政府的權威具正當性？

以下即為最常用來賦予統治者和政府權威正當性的論點。

- 君權神授：統治者常宣稱他們的權威得自至高無上的神。例如：國王、女王常表示君權神授，所以他們擁有統治權；換句話說，他們聲稱他們的權威是上帝所賦予的。

- 世襲而來的權利：有些統治者認為他們的權威承襲自祖先，也就是之前的統治者。

● 國王權威正當性的根據是什麼？

■ 博學多聞所帶來的權利：有些人主張博學多聞的人應該擁有統治的權利。

■ 受統治者同意所賦予的權利：現今許多政府主張他們的權威來自人民，人民同意並接受被他們所選出來的代表統治。

### 為什麼了解權威的來源很重要？

我們必須了解人們權威的來源，如此才能判斷這些人是否有權力做他們所做的事。比方說，我們知道憲法賦予國會某些權力，所以我們可以依憲法規定判斷國會所通過的法律有沒有超出國會的職權範圍。我們也可以問：憲法權威的來源是什麼？就美國政府而言，美國憲法的權威源自於人民的同意。

對於權威的來源應該是什麼，眾人通常意見不同，權威來源中，哪些較其他更為重要，也可能各有各的看法。要討論這類問題，就必須先辨識及評估不同的權威來源。

批判思考 練習

### 辨識權威來源

以下將探討不同的權威來源。請同學分成幾個小組來進行這個活動，閱讀〈阿瑪、阿文迦與南馬立克案〉(Regina v. Amah, Avinga and Nangmalik)，然後討論之後的問題。選擇一位同學負責記錄，然後推選一位代表向全班報告小組的觀點。

#### 阿瑪、阿文迦與南馬立克案

在1960年代，加拿大法院必須就伊努特人（愛斯基摩人）的風俗違反加拿大法律一事做出裁決。

在傳統的伊努特人營地，食物通常十分稀少。在日子特別不好過的時候，甚至會有人餓死。有時老人覺得自己已成為族人的負擔，會選擇結束自

# LESSON3

己的性命，甚至會要求其他家庭成員幫忙。基於對長輩的尊重，被要求的人只得協助其自殺。

根據加拿大的法律，協助他人自殺是違法的。在1963年，有三個伊努特人（阿瑪、阿文迦與南馬立克）即因幫助某個老人自殺而遭到法院審判。

西北領地最高法院判決這三人有罪。根據加拿大的法律，對這類罪行的處罰可重達14年徒刑。然而，根據伊努特人的傳統，親戚必須協助長輩自殺。最後法院承認伊努特傳統的重要性，因此宣判三人緩刑，並允許他們返回營地。

### 你的看法如何？

1. 伊努特人行為的權威來源是什麼？法院這個判決的權威來源是什麼？

2. 法院如何處理兩種不同權威來源相衝突的情況？

3. 這個案子如何讓我們了解並辨識不同權威來源的重要性？

## 課後練習

1. 想一想，對駕駛人開出超速罰單的警察所擁有的權威。畫表追溯出警察權威的最終來源。

2. 寫篇評論支持或反對加拿大法院在「阿瑪、阿文迦與南馬立克」一案中的判決。

# MEMO

# UNIT 2

## 第二單元：如何評估規則與法律的好壞？
## 如何判斷候選人是否適合某項權威職位？

●如何選擇適當的人擔任權威職位？

### 單元目標

　　身處權威職位的人有權利以許多方式控制或影響我們的生活。在美國，人民有權挑選由誰來擔任政府裡的權威職位。由於這些人會得到人民所賦予的權力與責任，因此小心慎選是很重要的。

　　既然大家都受到規則與法律的規範，所以懂得如何評估哪些規定是好的，哪些規定需要修訂或廢除，都非常重要。

　　在本單元中，你將會學到一些必須考量的問題或事項（也就是思考工具）用來幫助我們選擇適當的人擔任權威職位以及評判規定的好壞。

# LESSON4

**第四課　如何選擇適當的人來擔任權威職位？**

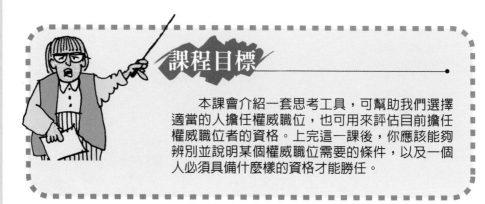

## 課程目標

本課會介紹一套思考工具，可幫助我們選擇適當的人擔任權威職位，也可用來評估目前擔任權威職位者的資格。上完這一課後，你應該能夠辨別並說明某個權威職位需要的條件，以及一個人必須具備什麼樣的資格才能勝任。

**學習術語**

思考工具　權威職位　資格　責任　職權
限制　勤勉

## 為什麼要慎選適當的人來擔任權威職位？

我們的生活每天都會受到在擔任權威職位的人所影響，這些人的角色或工作賦予他們權威，以規範或控制我們部分的生活。例如：民選官員和受僱來協助他們的人就是在擔任權威職位，我們給予這些人很大的權力。適任而懂得運用權威的人，可以讓我們的生活更輕鬆愉快；由不適任的人擔任權威職位，則可能讓我們的日子過得既不順利又不快樂。

不同的權威職位所需要的資格不同，所謂的資格包括：知識、技能、才能和性格。有的人可能很適合當警察，卻不適合當法官；適合當法官的人，又可能無法做好警察的工作。在選擇由誰擔任權威職位時，應該考慮這個人必須擁有什麼樣的資

格，才能在工作崗位上勝任愉快。

　　你可能有機會選擇擔任權威職位的人。例如：在學校，你有機會投票選班長。在美國，如果你年滿18歲，就有權投票選擇哪些人可以進入政府為民服務。（註：在台灣為20歲）

　　以下，讓我們藉由檢視美國早期擔任重要權威職位的兩位領袖所具備的資格，來正式進入本課的主題。

## 辨識領袖人物應具備的資格

　　下文改編自美國總統兼歷史學家羅斯福（1858～1919）的作品《西部的勝利》（The Winning of the West），主要是在描述探險家路易斯（1774～1809）與克拉克（1770～1838）的事蹟。在閱讀這段摘錄的文字時，想想路易斯和克拉克的人格特質，他們就是因為擁有這樣的個性，才足以擔任西部探險隊的領導人。

### 路易斯與克拉克探險隊

　　傑佛遜總統指派路易斯和克拉克帶領一支探險隊穿越路易斯安那地區，這個地區是美國在1803年從法國手中買下來的。探險隊全體成員都期盼能幸運地找到通往太平洋之路。

　　探險隊行經的區域大多未曾有美國東岸的人造訪過。橫亙在他們與目標之間的，是廣闊的平原、美國原住民部落、一座座的山脈以及一條條的河流。傑佛遜總統不僅希望他們能夠一路平安，成功抵達太平洋沿岸而後返鄉，也要求他們將沿途見聞記錄下來。

　　路易斯和克拉克兩人都擁有非常精確的觀察力，其他探險家很少能如此詳盡地描述新天地的自然特色及動、植物。

● 為什麼選擇適任的人擔任權威職位可能非常重要？

　　更重要的是，這兩位年輕隊長擁有帶領探險隊穿越未知地區所必備的人格特質。他們要求良好的紀律，處罰做錯事的人，但不嚴厲。他們與探險隊的其他成員一樣做好自己份內的工作，甘苦與共。

　　路易斯和克拉克深受隊員的愛戴和尊崇，隊員對他們忠心耿耿，也都很樂意依他們的命令行事。路易斯和克拉克以尊重與關懷的態度對待美國原住民。唯有智勇雙全的人，才有辦法帶領這支隊伍安然度過他們所遭遇的重重危機。

### 你的看法如何？

1. 路易斯和克拉克承擔什麼使命？

2. 路易斯和克拉克具有什麼樣的資格，才能完成使命？

## 如何選擇適當的人擔任權威職位？

在前一段列舉了某項權威職位所承擔的使命，也指出路易斯和克拉克具有某些資格，才能夠做好他們的工作。

以下的思考工具可用來判斷某人是否適合擔任特定職位。

1. 某項職位有哪些責任、職權、權利與限制？

   在決定某人是否能勝任某項職位前，必須先檢視這個職位然後回答下列問題：

   ■ 這個職位要負擔哪些責任或職責？

   ■ 擔任這個職位的人會獲得哪些行使權威的職權或能力？

   ■ 擔任這個職位的人會獲得哪些權利？

   ■ 擔任這個職位的人所擁有的職權會受到什麼樣的限制或侷限？

2. 一個人應該具備什麼資格才能勝任這個權威職位？

   不同職位會有不同的條件。想要在工作崗位上勝任愉快，就必須擁有該份工作必備的資格。某些重要的資格是依職位而定的，其中可能包含：

   ■ 特殊知識或技能

   ■ 處事公正

   ■ 誠實

   ■ 有智慧

   ■ 勤勉（願意努力工作）

   ■ 可靠或可以信賴

   ■ 勇敢

   ■ 能與他人合作

   ■ 懂得尊重他人的權利和需求

   ■ 堅守重要的價值觀和利益

3. 每位候選人分別具有哪些優點和缺點？

   應該以這個職位所需要的資格為基礎，考量每位候選人的優、缺點。

4. 根據前三個問題的答案，哪位候選人最適合這個職位？為什麼？

   你應該能夠說明自己的選擇及理由。

## 辨識權威職位所需要的資格

　　下面的活動會讓你練習運用所學到的思考工具。想像自己是學生會的委員，要推薦其他同學擔任學生法院的法官。假如校內有學生被控違反紀律，法官們將負責舉辦聽證會及提出處罰建議。

　　分組並參照舉例完成第31頁的表格並與全班同學分享及討論。

## ● 課後練習

1. 選定一個權威職位，在筆記中描述這個職位的特點，並列出勝任這個職位所需要的資格。

2. 想一想即將舉行的縣市或國家選舉，並對班上同學發表你認為選民在判斷候選人的資格時，應該考慮哪些問題。

| 學生法官的責任、職權、權利與限制 | 學生法官應具備的特質 |
|---|---|
| 責任：學生法官有責任 | 為了完成這些責任，學生法官應該… |
| 1 傾聽聽證會中呈現的所有證據 | a. 懂得用心聆聽<br>b. 沒有偏見 |
| 2 詰問受指控的學生及其他所有證人 | |
| 3 詮釋和適用校規 | |
| 職權：學生法官的職權包括… | 為了行使這些職權，學生法官應該… |
| 1 要求受指控的學生出席聽證會 | |
| 2 要求證人出席作證 | |
| 3 維持聽證會秩序 | |
| 4 要求不守規定的人離開聽證會 | |
| 5 作出判斷，並提出與紀律與處罰有關的建議 | |
| 權利：學生法官擁有以下權利… | 要讓人相信自己不會濫用這些權利，學生法官應該… |
| 1 能夠免除身為學生所應負的一些責任，以執行法官的工作 | |
| 2 有權舉行非公開聽證會，無需老師或行政人員在場 | |
| 限制：學生法官的權力是有限制的，學生法官… | 為了配合這些限制，學生法官應該… |
| 1 必須依照規定舉辦公正的聽證會 | |
| 2 不得偏袒任一學生 | |
| 3 必須根據事實與校規作判斷 | |
| 4 不得提出不公平或不合理的規定或處罰的建議 | |

# 第五課　應該選誰來擔任這項權威職位？

## 課程目標

在本課當中，你將有機會運用才剛學到的思考工具，來決定哪位候選人最適合某項權威職位。在上完這一課後，你應該能說明自己做過哪些考量，來為自己的選擇辯護。

**學習術語**

自治規章

### 選擇公職候選人

在這個活動當中，你將負責為一個假想都市——傑佛遜維爾市選擇一位市長。你必須為這項職位考量幾個候選人。

全班同學進行角色扮演三位市長候選人的電視辯論會，這場辯論會將由傑佛遜維爾市的「公平政治聯盟」所舉辦，並開放給社區大眾旁聽。

在準備工作的一開始，先閱讀下文關於傑佛遜維爾市以及市長這個職位的描述，然後依照指示準備及召開辯論會。最後，閱讀「達成全班結論」，並舉辦模擬市長選舉。

● 傑佛遜維爾市需要哪種市長？

## 傑佛遜維爾市的市長

傑佛遜維爾是個中型都市，最後一次人口普查的數據是約12萬人。這個城市距離州首府約一個小時的車程，距離大都會區則是兩個小時左右的車程。對許多人而言，這裡的居住環境十分理想。

十年來，傑佛遜維爾的居民越來越多樣化。市長和市議會一直致力於維持不同社群間的良好關係。截至目前為止，雖然不同社群間曾發生些口角，但人口的多樣化尚未引發什麼大問題。

傑佛遜維爾的經濟發達且多元，所以工作機會不虞匱乏。一些全國性的大公司都有在這個地區設立辦公室和廠房。然而，卻沒有什麼本地產業，有些人很擔心傑佛遜維爾的未來發展。萬一這些全國性的大公司決定裁撤當地的辦公室及廠房，會發生什麼事？那些因此而失業的人是否有新工作可做？

公立學校是傑佛遜維爾面對的另一個潛在問題。越來越多人搬來這個城市定居,當地學校如今面臨學生人數過多的問題。是否應該為了增設學校而加稅,成為輿論的熱門話題。

有些人認為,隨著傑佛遜維爾逐漸發展,也逐漸失去了原有的魅力。越來越多市民主張限制城市的擴展;反對者則認為,這等於是某種形式的歧視,原因是新移民大多屬於少數族群。

面臨即將來臨的選舉,傑佛遜維爾市民都很關心這個城市的未來發展。新市長將必須針對一些重要議題做出決策。

## 市長一職

責任與職權—市長擁有下列責任與職權:
- 領導市政府
- 主持市議會會議
- 編列市預算
- 規劃這個城市的未來發展
- 針對自治規章提出建議
- 任命局處首長
- 僱用及開除市政府員工

權利—市長擁有下列權利:
- 年薪六萬元美金
- 有一部公務車

限制—市長受到下列限制:
- 擔任市長期間不得兼職
- 不得侵犯受聯邦憲法及州憲法所保障的個人權利

## 為辯論會做準備

將班上同學分成幾個小組,其中一組代表公平政治聯盟;辯論過程中,他們將

負責提出問題及維持會場秩序。其他各組則分別代表一位市長候選人。

## 公平政治聯盟

　　你們這組將負責主持辯論會和提問。你們應該詳細研究候選人的簡介資料，分析市長應負的職責，然後考量勝任這份工作必須具備哪些資格。

　　你們這組應該準備一些要問候選人的問題。你們必須試著決定誰最適合擔任傑佛遜維爾市的市長。你們這組的責任在於讓民眾有機會了解，這些候選人在重要議題上所採取的立場。

● 為什麼公共辯論會可以幫助民眾挑選最適合的候選人？

## 代表候選人的組別

　　這些組別應該閱讀並討論下面陳列的候選人簡介，列出你們代表的候選人以及對手候選人的優、缺點，而後挑選一位組員飾演候選人，協助這個人準備辯論會。

幫你們的候選人準備一篇簡短的開場白。候選人的發言要能說服選民自己是這份工作的最佳人選。各組也應該讓候選人練習回答可能被問到的問題。其他組員可以在辯論進行中協助候選人。

## 候選人簡介

**羅伯特柏恩斯（包伯）**— 包伯擁有一家生意興隆的五金連鎖店，他已經連續擔任兩次家長會會長，不久前才卸任。他是個受歡迎的知名商人，從小在傑佛遜維爾市長大。他的四個孩子都在當地的學校受教育，他的妻子珍妮近20年來一直在高中教英文。包伯在社區一直很活躍，也很希望能保留傑佛遜維爾市原有的特色。他雖然想要維持這個城市的繁榮，不過對於鼓勵新企業投資與城市更進一步的發展，卻抱持著懷疑的態度。

**蘇珊溫斯頓**— 蘇珊是當地律師公會歷來最年輕的理事長，在傑佛遜維爾市土生土長，後來進入州立大學法學院。畢業後，她返鄉開業，僅僅10年就極為成功，專精家事法。她已經離婚，擁有兩個孩子的監護權，小孩們都就讀當地的學校。她一直很贊成增列教育預算，也支持城市發展，想要吸引更多企業來傑佛遜維爾市。

**傑米辛**。傑米是來自中國的移民，如今已成為美國公民，10年前他搬到傑佛遜維爾市。他現在英文說得很流利，上過大學，事業也很成功。此外，傑米儼然是傑佛遜維爾市移民的首席發言人，他已經擔任過兩屆社區關係委員會的委員。傑米致力於改善新移民與原有傑佛遜維爾市居民間的關係。他剛結婚，還沒有小孩。

## 辯論會召開說明

1. 公平政治聯盟的主席將負責主持工作。

2. 每位候選人會有兩分鐘的開場白時間。

3. 聯盟代表將輪流提問。針對每個問題，各候選人有三十秒的回答時間，候選人應該輪流依序作答。

4. 計時人員將確保所有候選人遵守時間限制。

## 達成全班結論

辯論會結束後，全班應該舉辦模擬市長選舉。投票時應該考量下列問題：

1. 市長這個職位有哪些責任、職權、權利與限制？

2. 一個人應該擁有什麼樣的資格才足以勝任市長這個職位？

3. 每位候選人各有何優、缺點？

4. 你認為哪位候選人最適合擔任市長？原因是什麼？

## 針對這場選舉加以討論

　　在模擬選舉的結果出爐後，全班同學應該討論一下，在你們決定投票給誰時，思考工具發揮了什麼作用。

# ● 課後練習

1. 在你評估市長候選人的資格時，辯論會發揮了什麼樣的作用？在你決定投給誰的過程中，辯論會還產生哪些其他影響？候選人為進入公職，在大眾面前展開辯論有何好處？又有何壞處？

2. 邀請市長或市長的某個部屬到班上。請他描述市長這個職位的責任、職權、權利及限制，並說明擔任市長一職所需要的資格。講者所提到的資格是否不同於班上提出的？何者不同？

## | 第六課　在評估規定的好壞時，應該考慮哪些因素？

### 課程目標

　　除了要了解擔任權威職位的人是否適任外，我們必須評估相關規定的合理性。有的人認為規定既然存在，就表示它們必然是良善的或有其功用的，但這種說法未必正確，現存的規定也可能有很多問題。

　　本課會介紹一些思考工具，可用於制訂規定以及評估規定的好壞。在上完這一課後，你應該能夠利用這些工具判斷規定的優劣，並能提出改善的建議。

**學習術語**　標準　特徵

### 訂立評估規定的標準

　　下列規定的目的是要幫「乾谷」地區的居民節約用水，每項規定都有一個以上的缺點。透過思考如何改善這些缺點，你就能認識到一些用來評估規定的標準或原則。閱讀這些規定，然後回答之後的問題。

　　1. 只有居住在「乾谷」地區5年以上的人，才可以灑水灌溉他們的草坪。

2. 除非有特別規定取代原規定，否則不得取消剩餘水權。

3. 每個人都必須在每月的15日以前繳清水費帳單。

4. 用太多水會被處以罰鍰。

5. 不管白天晚上，水資源專員可以隨時進入任何人的家，以檢查水龍頭是否漏水。

6. 下一個年度任何人都不能用水，無論使用目的是什麼。

### 你的看法如何？

針對各項規定，回答下列問題。

1. 這項規定的缺點是什麼？

2. 在思考過改善這些缺點的方法後，完成下列句子：
「好的規定應該……」

## 如何評判規定的好壞？

在上個活動當中，你得評估一些規定的好壞，思考如何加以改善，也列出了好的規定應有的特徵。你的列表當中可能包含下列特徵：

### 好的規定應該：

- 公平
- 容易理解
- 設計完善，能達成訂立的目的
- 清楚讓人明白該做什麼
- 不會不必要地侵犯到隱私或自由等其他重要價值
- 具備被遵行的可行性

在評估規定時，可以想想那些規定是否具備這些特徵。這也就是說，檢查規定是否具備這些特徵，是在評估規定時可以運用的一項思考工具。可用來檢視規定的其他思考工具請見第43頁的表格。

## 評估規定

在這個活動當中，你將有機會運用思考工具來評估一項規定。以小組方式進行活動，一起閱讀下面的故事，然後回答後面思考工具表上的問題。準備好與班上同學分享你的答案。

### 學校置物櫃爭議

學校沒有置物櫃會是什麼樣子？對許多行政人員和老師來說，學校會變得比較安靜、安全。學生會準時上課，走廊不會再那麼吵鬧，學生也少了個地方可以藏校園違禁品。

某些學區的地區委員會訂立了一項新規定——不准設置物櫃，現有的置物櫃不是被搬走就是被封死。許多興建中的學校完全不設置物櫃。沒有置物櫃的學校校長，都對新規定讚譽有加。

但是，這些學校的學生就沒有那麼高興了。他們抱怨整天都必須帶著所有的教科書、體育服、筆記本和其他用具到處跑，這些物品有時總重超過10公斤。學生也說他們懷念以前擁有置物櫃時所代表的責任感。有位七年級的學生表示：「我覺得自己被當成三歲小孩，那我還不如回去唸小學好了。」其他人也主張：「把權利還給我們！學生需要置物櫃！」

● 你對於學校不准設置物櫃的這項規定有什麼看法？

# *LESSON6*

## 課後練習

1. 想像你們的學校剛剛宣布，從下個學年開始，學生不能再穿戴印有職業運動隊伍名字或標誌的帽子、外套或襯衫。請運用思考工具表來評估這項規定，然後寫份報告說明你對這項規定的看法。

2. 找出一個你們學校中現存的問題。與幾個同學一組，制訂一項規定來改善這個問題。向班上同學說明你們建議的規定。準備好回答同學們針對該規定的優、缺點所提出的問題。最後讓班上同學投票決定是否支持這項規定。

## 用來評估規定的思考工具表

| 問 題 | 答 案 |
|---|---|
| **1** 要評估的規定是什麼？ | |
| **2** 這項規定制訂的目的是什麼？ | |
| **3** 訂立這項規定是否有必要？或有更好的方法可以達成同樣目標？ | |
| **4** 這項規定可能產生哪些效應？ | |
| **5** 這項規定有哪些優、缺點？<br>這項規定是否<br>■ 公平<br>■ 容易理解<br>■ 設計完善，能達成訂立的目的<br>■ 清楚讓人明白該做什麼<br>■ 不會不必要地侵犯到隱私或自由等其他重要價值<br>■ 具備被遵行的可行性 | |
| **6** 這項規定應該維持不變、修改或廢除？為什麼？ | |

# LESSON7

## 第七課　如何評估並修訂一項法律？

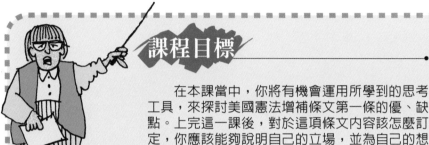

**課程目標**

在本課當中，你將有機會運用所學到的思考工具，來探討美國憲法增補條文第一條的優、缺點。上完這一課後，對於這項條文內容該怎麼訂定，你應該能夠說明自己的立場，並為自己的想法辯護。

**學習術語**　權利法案　宗教信仰的自由　集會　請願　平反冤情

### 何謂第一修正案？

美國憲法是美國的最高法律。憲法的起草人將某些保護公民權利的措施納入條文。例如：美國憲法保障人人均有受陪審團審判的權利。然而，一開始權利法案並未被納入憲法當中，所謂的權利法案就是美國憲法的前十條增補條文，這些條文對於保護個人權利十分重要。

許多人對於欠缺權利法案的情況感到不安，他們認為個人權利應該明列在憲法當中，這是保護人民的必要步驟，這麼做才能避免政府濫用權力。

從早期美國人對歷史的認知以及過去接觸英國政府的經驗，他們的擔心是合理的。當時，在英國和她的殖民地，宗教信仰的自由（舉行宗教儀式的權利）並沒有受到保障，如果所信仰的宗教不合政府的意，就會遭受到不公平的待遇。

言論自由與新聞自由同樣沒有得到保障。處於權威地位的人也會監禁那些出言反抗他們的人，銷毀批評他們的報刊書籍。有的公民因為集會（聚在一起或會面）

舉行宗教儀式或討論政治事務而被逮捕入獄，有的則因對政府提出請願（請求），要求平反冤情（修正錯誤）而遭到監禁。

　　嚴厲批判憲法草案的人擔心這類事情可能重演，堅持一定要把權利法案納入憲法當中，以免政府官員濫用權威侵害他們的權利。

　　想像你是美國第一屆國會議員，有權提出憲法修正案以及評估他人所提建議。有些議員提出以下條文內容，你對這項條文有什麼看法？

● 為什麼有些人想將權利法案納入憲法當中？

## 衡量憲法增補條文的好壞

　　分組閱讀美國憲法增補條文第一條，然後用後面的問題來評估此條文是好是壞。

### 美國憲法增補條文第一條

> **宗教與言論自由**
> 　　國會不得立法建立國教，或禁止宗教信仰自由，或剝奪言論或出版自由，或是剝奪人民和平集會和向政府請願申訴的權利。

### 檢視條文

1. 這項條文制訂的目的是什麼？

2. 這項條文是否是必要的？或有更好的方法可以達成同樣目標？

3. 這項條文可能產生哪些效應？

4. 你認為這項條文有哪些優、缺點？這項修正案是否：

- 公平
- 容易理解
- 設計完善，能達成訂立的目的
- 清楚讓人明白該做什麼
- 不會不必要地侵犯隱私或自由等其他重要價值
- 具備被遵行的可行性

5. 你覺得這項條文應該維持不變、修改或廢除？為什麼？

## 研訂並討論憲法修正案

在這個活動當中，同學將發展出美國憲法增補條文第一條的其他寫法，並加以辯論。把班上同學分成三個小組，每組分派到下列三種自由中的一種，各組寫一項修正案來保護所分派到的自由。

- 宗教自由
- 言論與出版自由
- 集會和請願的自由

各組應該選出一位組長來主導討論進行，也要選出一位同學負責記錄。在撰寫修正案時，要考慮到公平而合理的規範應該怎麼訂立，這個你已經學過了。另外，也請記得修正案應該：

- 限制政府的權威，這麼一來政府就不能無理或不公正地干預人民的自由，但同時又要
- 留給政府足夠的權威，讓政府能夠以公平而合理的方式限制人民的自由，以期社會上所有人的生活更好。

在每一組都擬好修正案後，全班應該展開辯論。

● 你能提出哪些理由支持自己的修正案？

## 國會議事辯論

1. 同學應該選出一個人擔任議長，負責主持會議。

2. 每組都有3分鐘時間對議會說明自己的修正案，說明的內容需包含以下列幾個問題：
   （1）你們這組的修正案制訂的目的是什麼？
   （2）這項修正案是否是必要的？或有更好的方法可以達成同樣目標？
   （3）你覺得這項修正案會帶來什麼樣的效應？
   （4）這項修正案有哪些優、缺點？
   （5）為什麼國會應該通過你們的修正案？

3. 其他國會議員可以在各組說明完畢後對他們的修正案提出質疑或批評。擬訂修正案的各組組員可以回應這些問題。

4. 各組可以自行修改自己的修正案，以贏得其他代表的支持。也可與他組合作想個折衷方案，以贏得全班多數同學投下贊成票。

5. 辯論結束後，議會應該就所有修正案進行投票。同學應該能夠解釋自己投下贊成或反對票的理由。

6. 在活動的最後，檢討你們學到的這套思考工具在評估規定時有哪些功用。

## 課後練習

1. 你是否同意全班投票的結果？無論同意與否，理由為何？以記者的身分，寫篇文章描述你對國會議事辯論和表決結果的看法。對你來說，哪種類型的修正案最能保障個人自由，並說明理由。

2. 查閱美國憲法增補條文第五條，了解憲法修正案的制訂方式。向全班同學報告你的發現。

註：關於美國憲法相關條文，可查閱
　　The Constitution of the United States 美利堅合眾國憲法
　　http://usinfo.org/Chinese_CD/living_doc/BIG5/constitution.htm

　　The Bill of Rights 權利法案
　　http://usinfo.org/Chinese_CD/living_doc/BIG5/billrights.htm

　　Amendments to the Constitution 其它憲法修正案
　　http://usinfo.org/Chinese_CD/living_doc/BIG5/amend.htm

# MEMO

# UNIT 3

● 運用權威可能帶來哪些益處？或必須付出什麼代價？

## 單元目標

　　運用權威就會產生一些結果。有些結果是利益（好處），有些則是代價（壞處）。了解運用權威可能產生的結果，有利於我們做出相關決定。比方說，假如你正猶豫是否要投票贊成某項法律，你需要考量這項法律可能帶來什麼利與弊。

　　在這個單元裡，你將有機會認識到行使權威會產生的一些常見結果，將這些結果依利益與代價加以分類，你也會了解到對於特定狀況下運用權威，是否會利多於弊，看法可能因人而異。

# ▋第八課　行使權威的結果

### 課程目標

　　在本課當中，你將有機會辨識行使權威的結果，並將這些結果依利益或代價加以分類。上完這一課後，你應該能夠說明權威一般會帶來的一些好處和壞處，也能以這些概念來衡量權威議題，決定自己的立場。

### 學習術語

可預測性　效率　可靠　監控　經濟成本
難以辨識或接近（負責的人或機構）　不適任

批判思考練習

### 辨識權威所產生的結果並加以分類

　　在本活動當中，你將有機會辨識運用權威所產生的一些結果，然後將這些結果分成利益或代價。

　　將班上同學分成4個小組，一組分派一個假設情況，並回答之後的問題。最後請各組與班上其他同學分享他們的答案。

1. 為了減少青少年開車發生事故,州議會通過一項法律,將可以考駕照的年齡提高到21歲。

2. 假設在你們學校附近區域,學生偷竊的案件遽增,你們校長為回應當地商家的抱怨,新增了一條校規,規定午休期間學生不能離開學校。

3. 為了控制河川污染情況,市議會通過一項新法,明訂工廠業主若是違法傾倒廢棄物污染河川,將會被處以高額罰款。

4. 連續四年乾旱,州議會為了解決用水短缺的問題,立法規範用水相關事項。其中一項規定就是居民的草坪一個禮拜只能澆水一次。

## 你的看法如何？

1. 在這種情況下運用權威可能產生什麼結果？

2. 就你所認為，這些結果當中哪些算是利益？為什麼？

3. 哪些結果可說是代價？為什麼？

## 檢視運用權威常見的利弊得失

　　以下列出了一些運用權威最常見的利弊得失，閱讀其說明及範例，然後和同學合作，從自己的經驗中舉例說明各項利益和代價。

## ● 利益

1. 安全。權威可以帶來秩序和可預測性（知道會發生什麼事），讓人更有安全感。例如：

   ■ 由於有交通規定，人車通行不僅有秩序又可以預料，讓人感到安全與保障。
   ■ 在你居住社區巡邏的警察能減少或預防犯罪行為的發生，讓社區更安全且更有保障。

2. 公平。權威可用以促進公平，例如：

   ■ 根據法律規定，雇主不得因年齡、性別、宗教、種族或身體缺陷等因素而歧視員工。

●依法人人機會均等

   ■ 法官確保每個被起訴的人都能在法院得到公平的審判。
   ■ 美國憲法禁止對罪犯施以不人道的處罰。

3. 自由和其他權利。權威可用於保護個人的自由和其他權利，例如：

■ 美國憲法增補條文第一條可保障眾人的宗教信仰和言論自由，避免政府侵害人民權利。
■ 警察必須尊重民眾的自由權和隱私權，沒有正當理由不得加以逮捕或進行搜身。

4. 效率（有效利用資源）。擁有權威的人可以把工作分派給適合的人做，以增進效率。例如：

■ 將軍可以將不同職責分派給不同士兵，以提高作戰效率。
■ 你們學校的校長可以依據每個老師最適合教的年級和科目，指派老師教授不同班級。

5. 提供基本服務。權威可用於提供基本服務，例如：

■ 我們授權郵局遞送郵件。
■ 我們賦予法院和執法機關維護法律和秩序的權威。

6. 改善生活品質。權威可用於保護和改善人民的生活方式。例如：

■ 受到法律的保護，你毋須忍受危險的食物藥品、不乾淨的飲用水、受污染的空氣和危險廢棄物。
■ 噪音管制和使用分區管制的規定讓你可以享受居家生活。

## ● 代價

1. 濫用權力。擁有權威的人可能會濫用所處職位的權力，例如：

   ■ 市政府的官員可能處事不公正，偏袒朋友或在選舉時支持他們的人。
   ■ 警察可能沒有正當理由就逮捕人、進行搜身或到民眾家裡搜查。

2. 必須有所監控。賦予他人權威後，必須耗費時間精力確保這些人做好自己的工作。例如：

   ■ 企業僱用經理和管理人來監督員工做事。
   ■ 公民有責任監督政府是否盡職。許多組織常會花時間金錢監督公家機構怎麼用納稅人的錢、怎麼執法控制環境污染，或警方怎麼對待犯罪嫌疑人。

3. 難以辨識或接近（負責的人或機構）。在美國，擁有權威的人和機構很多，他們各自負責不同的職務。因為美國無論是地方、州或國家層級的政府組織，在規模上都十分龐大而複雜，因此民眾遭遇問題時可能很難找到（很難聯絡上）正確的人或機構來幫忙。例如：

■ 美國總統總有忙不完的事情要處理，可能沒時間傾聽民眾的心聲。

■ 想購屋的家庭可能必須跑許多公家機關才能得到援助。

■ 你可能覺得附近的學校得到的補助太少，但卻不知道該找誰解決這個問題。

4. 自由與其他權利受限。運用權威必定會對自由造成某種限制。例如：

■ 你父母可能要你幫忙做家事，可是你並不想做。

■ 受到交通規定的限制，你開車時不能想開多快就開多快。

5. 經濟或財務成本。維持這些權威人士和機構存在，比如任職於地方、州和國家政府裡的官員，是需要成本的。例如：

■ 政府向民眾課稅，來支付執法人員、法官和老師的薪水。
■ 人民繳稅，軍隊才得以存在，也才有保衛國家所需的資源。

## 哪些利益和代價最重要？

評估運用權威所產生的利益和代價十分重要。在所做的決定與規範或位處權威職位的人的行為有關時，必須先判斷對我們而言，哪些運用權威所產生的結果最為重要。利益是否比代價重要？或對我們來說，所帶來的代價影響大於利益？

對於這些問題，眾人可能意見不一。比方說，假設你們學校附近商店竊案遽增，有些店家說服你們校長新訂一則校規，規定學生午休時間不得離開學校。大家都同意這項規定的代價是學生的自由受限，利益則是學生行竊的機率降低。有的人可能會認為比起竊案減少的利益，學生自由受限這個代價比較不重要，不過其他人可能並不認同這種看法。正如所見，在檢視權威的利益與代價時，考慮不同觀點是很重要的。

## 面對權威問題決定立場時，考量所有的利弊得失

假設州議會正在研擬一項法律鼓勵學生唸完高中，其中規定假如學生輟學，就會被吊銷駕照。

分成幾個小組，分別代表下列組織之一：

■ 保護學生權益委員會
■ 警察局
■ 家長會
■ 青少年就業輔導機構
■ 州議會議員

　　從你們代表的組織的角度出發，決定你們對於這項法律的立場。利用以下幾個問題來協助你們確定自己的立場。準備報告你們這組的立場，並與全班同學一起討論。

## 你的看法如何？

1. 你們這組對這項法律可能採取什麼樣的立場？

2. 根據你們這組的想法，這項法律會產生哪些利弊得失？

3. 哪些因素左右了你們對利益和代價的評估？

## 課後練習

1. 如果法律規定輟學的學生駕照會被吊銷，你會怎麼想？寫封信給編輯，分析這項法律所產生的利弊得失，為自己的立場辯護。

2. 草擬一項法律，以鼓勵年輕人唸完高中為目標。列出這項法律的利益和代價，然後解釋自己支持這項法律的原因。

3. 你家有哪些規定？父母有沒有規定門禁時間？你必須幫忙做家事嗎？你在做完功課以前可以看電視嗎？選兩、三條你家的家規，然後在筆記裡描述這些規定的利弊得失。

# MEMO

# LESSON9

## ▌第九課　如何衡量校服規定的利弊得失？

### 課程目標

　　在本課，你將有機會進一步思考運用權威的利弊得失。你將參加一場模擬的教育委員會公聽會，針對公立學校服儀規定的問題進行討論。在上完這一課後，你應該能夠說明在做與權威有關的決定時，檢視利弊得失有什麼用處。

閱讀以下故事，然後分組回答之後的問題

### 校服爭議

　　湯泉市及其近郊有超過100萬的居民，整個都會隸屬於同一個學區。過去幾年來，校園暴力與偷竊事件遽增。

　　湯泉市聯合學區的人一直在思索有什麼方法能讓校園更加安全，並同時改善紀律。有人提議訂立服儀規定，要求學生穿校服。這項提議引發很大的爭議，有些校長、老師、父母和學生予以支持，他們認為校服能夠：

- ■ 解決學生的衣服、鞋子和首飾被偷的問題
- ■ 預防幫派打扮所導致的暴力問題
- ■ 消除同儕比較而衍生的穿戴「名牌」的壓力
- ■ 防止有學生因其穿著打扮而遭到嘲弄或恥笑
- ■ 讓學生較專心於課業，不再花那麼多時間在外表上

　　不過，也有許多學生和家長憎惡這項管人衣著的提議，他們認為訂立服儀規定、要求學生穿校服的這種想法讓人完全無法接受。他們說：「這是個自由的國家，沒有人有權逼我穿校服或剪我的頭髮。我的外在呈現就代表我這個人。」

● 規定穿校服可能產生哪些利弊得失？

● 你能否針對校服規定提出哪些正反兩方面的論證？

## 你的看法如何？

1. 假如教育委員會達成決議，要求湯泉市公立學校的學生穿校服，可能產生什麼結果？

2. 哪些結果屬於利益？

3. 哪些結果屬於代價？

批判思考 練習

## 辨識及權衡利益與代價

　　湯泉市聯合學區正針對公立學校服儀規定的爭議舉辦一場公聽會。教育委員會將公聽會開放給任何想發表意見的團體參加。

　　將全班分成六組，分別代表下列團體：

- ■ 教育委員會
- ■ 贊成穿校服的學生與家長
- ■ 贊成自由選擇的學生和家長
- ■ 湯泉市教師工會
- ■「保護我們的權利」協會
- ■ 湯泉市校長協會

1. 教育委員會應該選出一位主席主持公聽會。委員則應該準備一些要在公聽會裡提出的問題。

2. 其他組別在準備要發表的意見時，應該考量服裝規定的利弊得失。各組要選出一個人記錄討論內容，並挑選一位報告人，向全班報告自己這組的觀點。

3. 除了教育委員會以外，其他各組應該準備簡要的報告，根據所發現的利弊得失，說明己方支持或反對訂立服裝規定的立場。報告人以外的組員應該準備好回答教育委員會所提出的問題。

## 召開公聽會

1. 每一組會有3分鐘的發言時間。教育委員會的委員只有在想要釐清某個論點時才能打斷發言。

2. 在所有組別發言結束後,教育委員會的委員可以提問。這些問題應該由所有組員回答,而不只是擔任報告的人要回答。

3. 公聽會結束後,教育委員會的委員應該針對各組所提出的觀點加以討論,並在考量過相關利弊得失後,決定是否要訂立服儀規定,而要求湯泉市聯合學區的所有學生穿著校服。

4. 教育委員會的主席應該宣佈委員會所做出的決定,並且說明理由。

## 就公聽會加以討論

最後,全班同學應該就下列問題進行討論:

■ 委員會認為哪些利弊得失最為重要?
■ 委員會做決定時還考慮到哪些其他因素?
■ 你同意委員會的決定嗎?請說明理由。

# ➜ 課後練習

1. 寫封信到學生會,說明自己是支持或反對教育委員會在湯泉市服儀規定爭議中所採取的立場。

2. 提出其他建議來解決存在於湯泉市學校的問題。在筆記中寫篇文章,說明你的提案會產生的利益和代價。

3. 從電視或報紙上找個運用權威的例子,在筆記中列出其會產生的結果。將所列出的結果標示為利益或代價,評估其中的利弊得失,然後決定你要支持或反對這個權威的運用,在筆記中寫出你的立場和理由。

●納粹德國焚書（1933）插入圖片：希特勒（1889～1945）

## 單元目標

　　身為公民所面對的一些最重要的議題會涉及權威的範圍（程度）和限制（界限）。特定的權威職位是否設計完善？是否讓擔任這個職位的人擁有過多或過少的權力？

　　在這個單元，你將會學到一些思考工具來評估具有權威的職位和機構，協助你判定某個職位或機構的責任、職權、權利和限制是否規劃得當，或需要改變。你也將有機會運用這些工具來設計一個權威職位。

## 第十課　評估權威職位時應考量哪些因素？

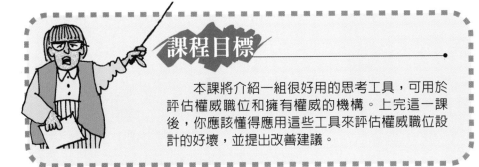

### 課程目標

本課將介紹一組很好用的思考工具，可用於評估權威職位和擁有權威的機構。上完這一課後，你應該懂得應用這些工具來評估權威職位設計的好壞，並提出改善建議。

### 爲什麼懂得評估權威職位很重要？

你已經了解位處權威職位的人對你生活的影響有多大。在美國及世界上很多國家，政府官員與機構擁有很大的權力和責任。

為了維護我們社會的自由，我們必須懂得判斷擁有權威的職位和機構是否設計完善。擔任權威職位的人應該要具有工作上所需的足夠權力，但我們也必須有效限制他們的權力，以保護我們的權利。在以下的活動當中，你將會學到一些有效評估權威職位的概念。

### 辨識權威職位的缺點

下列每個假設情況都會提到一個權威職位，每個職位都有自己的缺點。閱讀這些假設情況，然後依照每個假設情況回答之後的問題。

## 哪裡出了問題？

1. 在尤奇亞州，州長必須制訂所有法律、遞送郵件、清掃街道、驅趕流浪動物、審判所有刑事案件，還必須經營電視台。

2. 在帕西尼亞州，所有州議員都是終身職，一旦得到任命，就無法令他們去職。

3. 有家夜總會的經理雇用了哈丁，要他負責把不規矩的客人請出店外。經理表示哈丁可以隨意使用武力，哈丁因此傷了很多人。

4. 在俄國革命前，沙皇尼古拉二世很少跟人民接觸。人民沒有跟他見面或表達意見的權利，他只聽信近臣所說的話。等到他意識到人民的不滿時，為時已晚。

圖片來源：田聯合報系提供

● 1990年，學生聚集在中正紀念堂大門前抗議萬年國會。

5. 布魯克頓市雇用了六個人來圍捕流浪動物，卻沒有提供他們任何卡車、網子或狗鍊。

6. 十七世紀的英格蘭王室以星辰法庭 (Star Chamber) 負責調查謀反罪。法官採用酷刑來取得被告的自白。

## 你的看法如何？

1. 上述各假設情況各涉及哪些權威職位？

2. 設立這些職位的目的各是什麼？

3. 你認為這些職位各有哪些缺點或問題？

4. 從這些缺點中，我們可以知道設計良好的權威職位應具備哪些特點呢？

## 如何評估權威職位？

　　你知道權威職位必須經過妥善設計。例如：擔任權威職位的人必須有足夠的權力，以完成他們份內的責任；同時，他們的權力也必須受到清楚的限制。你可以用下列問題來協助你思索某項權威職位的優、缺點：

■ 擔任這項職位的人是否負擔過多責任？或責任過輕？

■ 擔任這項職位的人是否擁有足夠資源來做好這份工作？

■ 擔任這項職位的人是否有足夠的權力完成工作？他們的權力是否有受到明確的限制？

■ 有沒有適當的方法使人善盡其責？

■ 有沒有辦法可以預防權力被濫用？

■ 針對權威者的表現，有沒有管道讓民眾表達意見？

■ 擔任權威職位的人在履行責任時，是否必須遵照公平程序？是否必須考量隱私、人性尊嚴和自由等重要價值？

## 用以檢視權威職位的思考工具

上述問題是本課所介紹的思考工具的一部分，你可以用這套思考工具來評估權威職位，判斷該職位是否設計完善。其他應考量的問題列在第72頁的思考工具表裡。仔細研究這張表，到下一課時，你將有機會運用這張表來評估某個權威職位。

# 課後練習

1. 在筆記裡寫則短篇故事，假想有個國家，總統的權力沒有受到合理的限制，可能會出什麼問題，而你會怎麼做來改善這種情況。

2. 分組選擇某個權威職位加以評估。運用方才學到的思考工具來辨識出該職位的優、缺點。想想你是否有任何改進這個職位的建議。向班上同學說明你們所選擇的職位以及你們的觀點。

| 評估權威職位的思考工具表 | |
|---|---|
| 問　題 | 答　案 |
| 1 要評估的是什麼職位？ | |
| 2 設立這個職位的目的是什麼？ | |
| 3 這個職位是否有存在必要？試說明原因。 | |
| 4 這個職位有哪些責任、職權、權利與限制？ | |
| 5 如此設計這個職位可能產生什麼結果？ | |
| 6 這個職位的設計有什麼缺陷？請考慮：<br>■ 責任的輕重<br>■ 所得到的資源<br>■ 被賦予和被限縮的權力<br>■ 容易評估與否<br>■ 是否有方法預防權力遭到濫用<br>■ 是否注重公平程序及重要價值 | |
| 7 你會提出什麼建議來改良這個職位？這些改變會帶來哪些利益和代價？ | |
| 8 你覺得這個職位應該被撤除、維持原狀或予以修正？試說明理由。 | |

# MEMO

# ▌第十一課　如何改良這個校長的職位？

課程目標

在本課當中，你會用到之前所學的思考工具來評估某個權威職位的設計是否得當。

批 判 思 考 練習

**評估一個權威職位**

　　最近米維爾中學發生了一個問題，令人質疑校長的權威，想像你是米維爾學區教育委員會的委員。你的工作是去評估校長這個職位，然後提出改良的建議。

　　請分成幾個小組，閱讀下面章節，包括對校長的責任、職權、權利與限制的描述。討論第十課（第72頁）思考工具表所列出的問題，以及本課後面列出的問題。選出一位同學負責記錄你們的答案，也請想好如何說明你們對改良這個職位的建議。

> 米維爾中學
>
> 　　米維爾鎮是新的學區，原本鎮上只有一間很小的小學，原本中學生都得搭乘校車到將近30英哩外的學校就讀，這種情況一直到最近才改變。去年鎮上新建了一所中學。有了這兩所學校，米維爾鎮成為一個學區。
>
> 　　米維爾鎮的教育委員會的首要工作之一，就是撰寫中學校長的職務說明。去年夏天，他們一致同意如下：

### 責任與職權：校長有責任和權力

■ 監督學校所有活動及運作，包括學校必要設備的採購，以及圖書館和學生餐廳的運作
■ 指派各班的任課教師
■ 制訂服儀和行為相關的校規
■ 管教學生

### 權利：校長有資格

■ 拿比老師多的薪水
■ 擁有私人的辦公室和祕書

### 限制：校長必須

■ 接受教育委員會一年一度的表現審核
■ 將學校支出控制在預算之內
■ 在針對法律事務發表言論或對媒體或社區發布公告前，先得到教育委員會許可
■ 遵守憲法對所有公務人員的限制

　　米維爾中學的一小群學生和他們的父母在3月時決定出面反對米維爾鎮附近的煤礦場，他們認為採礦公司持續破壞當地的自然美景。為了表示抗議，這些學生決定在上學時別上黑色的臂章，好讓大家注意到他們眼中的這場環境浩劫。

　　米維爾中學的校長在得知這項計劃後，禁止學生戴黑色臂章到學校。抗議學生被告知這項規定，假如他們戴臂章上學，就會被停學。

　　接下來幾天都平靜無事。校長忙著處理其他問題，無法抽出時間跟抗議學生的家長會面。他想要印發一份社區公告，說明他為什麼不准學生戴臂章上學。要發布這份公告需要先獲得教育委員會許可，然而，距離委員會下次開會時間還有好幾個禮拜。

　　不久之後，七名學生別著黑色臂章上學。雖然在班上並沒有造成什麼問

題，不過在操場上卻引發一些學生不滿，這些學生的父母都在採礦公司工作。

接近傍晚時，這七名學生被叫進校長室。校長要求他們把臂章拿下來，但是他們拒絕，於是受到停學處分，只要他們戴著臂章一天，就不准來學校上課。

校長勒令這些學生停學之後，寫了一份聲明，列舉他不許學生戴臂章的理由。他表示米維爾鎮有許多家庭的生計仰賴礦業，此外，學校也不是用來示威的場所。這類抗議事件如果發生在學校，除了可能干擾各班上課，最後可能事態擴大到難以控制的地步。校長認為這種抗議行為可能導致：

■ 抗議學生和父母在採礦公司工作的學生彼此間產生衝突
■ 這兩派學生長期不和
■ 社區居民關係變壞

## 你的看法如何？

1. 你覺得米維爾中學校長的這個職位在設計上有哪些問題或缺陷？

2. 你對改良這個權威職位有哪些建議？

3. 對於校長禁止學生戴臂章上學，你如何評估這個決定？你是否贊同他制訂這項規定的理由？為什麼？

# ● 課後練習

1. 請設法找出1969年美國最高法院在廷克控告迪蒙市獨立社區學區一案（Tinker v. Des Moines Independent Community School District, 393 U.S. 503）中所做的判決。向班上同學報告你的發現。

2. 假使擔任權威職位的人不盡責，市民有哪些方法可以改善這種情況？製作一張海報或設計一個公佈欄來呈現你的想法。

# LESSON12

## 第十二課 如何評估最高法院的司法審查權？

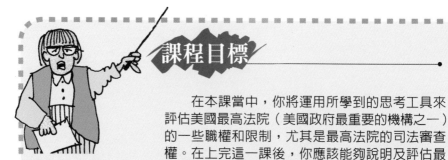

### 課程目標

在本課當中，你將運用所學到的思考工具來評估美國最高法院（美國政府最重要的機構之一）的一些職權和限制，尤其是最高法院的司法審查權。在上完這一課後，你應該能夠說明及評估最高法院的司法審查權和這項權力所受的限制。

**學習術語**

彈劾　合憲／違憲　司法審查權　批准
法律平等的保護　分離但平等政策
種族隔離政策　融合政策

### 最高法院的工作是什麼？

美國最高法院是美國政府體系中權力最大的機構之一。最高法院最重要的職責是處理與美國憲法和其他法律有關的爭議。最高法院通常審理下級法院所裁判過的案件。

最高法院毋須審理所有的上訴案件，而是選擇其認為最重要的案子加以裁決。現在每年有超過4,000件案子上訴至最高法院，不過最高法院每年審理判決的案子不到200件。最高法院受理的案件通常牽涉：

■ 可能違憲的法律

■ 可能影響到憲法保障個人權利的法律

　　最高法院的法官享有終身職，這保護了他們審案的獨立性。他們可以做出判決，而毋須擔心輿論的好惡。儘管最高法院的法官為終身職，但也有可能因為失職而遭到彈劾，也就是遭到國會的指控並起訴。假如最後定罪，他們會被免職。

## 什麼是司法審查權？

　　最高法院最重要的職權之一，就是判斷法律和政府機關或官員的行為是違憲──違反憲法規定，或合憲──合乎憲法規定。換句話說，最高法院負責判定聯邦法、州法及地方規範和政府的行為是否為憲法所允許。假如最高法院判定某項法律違憲，則該法不再有效，它不再是法律。

　　註：現行台灣的司法制度，是由司法院的大法官會議負責解釋法律違憲或合憲等相關問題。

　　負責審查相關規定與政府的行為，並判定其是否違憲的權力，就是所謂的司法審查權。憲法當中並沒有特別提到司法審查權，然而憲法是「這塊土地上的最高法律」，因此支持要有司法審查權的論點，是基於最高法院必須保護及執行憲法。為了達到這個目標，必須賦予最高法院權力宣告任何違憲的法律和政府行為無效。

圖片來源：由聯合報系提供

● 台灣的大法官

## 司法審查權受到哪些限制？

如你所知，美國憲法主張權力分立，建立總統、國會和最高法院（聯邦政府的行政、立法與司法部門）之間「相互制衡」的制度。即使最高法院可以行使司法審查權，宣告法律和政府的行為違憲，但最高法院的判決並不一定就是最後的結論。國會可以修訂憲法，推翻最高法院的判決。不過，憲法修正案必須經過全國四分之三州的州議會或修憲會議批准，才能生效。

最高法院也能推翻自己的決議。1940年，最高法院支持一項要學生背誦《效忠誓詞》(Pledge of Allegiance) 的規定。三年後，最高法院又表示這類規範侵犯到學生的言論自由，宣佈原先這項判決無效。

最高法院沒有執行判決的實質權力。例如：在1820年代，最高法院裁定喬治亞州必須尊重印第安查洛基族（Cherokee Indian Tribe）的權利。但傑克遜總統（Andrew Jackson）並沒有執行最高法院的決定，查洛基族的權利因而受到侵犯。

儘管如此，最高法院的判決地位等同於法律，即使美國總統，也必須遵守這塊土地上的法律。在1974年，最高法院裁定尼克森總統必須交出某些錄音帶給負責調查水門案的特別檢察官。儘管尼克森總統極力想要藏匿部分錄音帶，但還是遵從了最高法院的判決。從這些錄音帶上的資訊證實，有人企圖用違法的方法幫助尼克森連任，而這些犯罪的行為卻遭到刻意隱匿。對於這些隱匿的行徑尼克森總統不僅知情，而且還予以認可。這些資訊揭露後引發了彈劾尼克森總統的聲浪，也使得他成為美國史上第一位在任內辭職的總統。

批判思考 練習

## 檢視最高法院的職權與限制

分組回答下列問題。並與班上同學討論你們的答案。

1. 最高法院的司法審查權有何目的？

2. 你覺得最高法院的司法審查權是必需的嗎？原因為何？

3. 你覺得最高法院法官終身職的制度有哪些好處或利益？有哪些壞處或代價？依你的看法，最高法院的法官應該享有終身俸的待遇嗎？假如答案是否定的，你會建議採取什麼樣的替代做法？這些做法會產生哪些利弊得失？

## 分析及評估司法審查權

　　下文簡述最高法院所判最有名的案件之一，也就是1954年布朗控告教育委員會案（Brown v. Board of Education）。閱讀這段文字時，想想最高法院的司法審查權是否應有所改變。然後分成幾個小組，回答之後的問題，並與班上同學分享你的答案。

### 布朗控訴教育委員會案

　　美國最高法院在1954年所判決的一個案子，對美國有很深遠的影響。這個案子是關於一個八歲的小孩琳達‧布朗，她住在堪薩斯州的托皮卡（Topeka）。琳達不能到距離她家只有五條街遠的公立小學上學，那間學校只有白人小孩才能上。琳達必須到21條街外的學校就讀，原因是托皮卡的法律規定非裔美國籍的孩子和白人小孩必須就讀不同的學校。

● 美國有色人種權益促進會的律師海伊斯（George Hayes）、馬歇爾（Thurgood Marshall）以及奈布里特（James Nabrit）（1954）

　　琳達的父母喬治‧布朗夫婦認為這項法律很不公平，決定挑戰這個規定。他們沒有送琳達去上黑人小孩上的學校，反而帶她到白人小孩的學校要求登記入學。校方拒絕，他們於是告上法庭。最後，美國最高法院受理了這件案子。

　　在法庭上代表布朗夫婦的是後來成為最高法院法官的馬歇爾（Thurgood Marshall）和其他同樣來自美國有色人種權益促進會（National Association for the Advancement of Colored People, NAACP）的律師。他們主張，規定黑人白人必須上不同學校是違憲的，這項政策違反憲法的規定，也就政府不得不公平地差別對待人民——所有人民必須受到法律平等的保護（equal protection of the laws）。

　　托皮卡教育委員會的律師則認為，托皮卡的這些學校在硬體、課程與師資等方面的水準都是一樣的。他們提出最高法院過去的判決，在這些案子中，最高法院支持黑人白人使用不同設施的規定，理由是黑人所用的設施與

白人所用的設施條件相當。這些早期判決所定下的標準就是所謂的「分離但平等」（separate but equal）政策。

不過在1954年，最高法院卻判決布朗夫婦勝訴，表示「分離但平等」的原則已經不足以成為隔離（segregate）（依據種族來做隔離）就讀學校正當化的理由。判決認定琳達·布朗和其他相同狀況的孩童並沒有受到憲法所要求的法律平等保護。公立學校必須採取融合（integrated）政策──容許各種族的學生入學。

這項判決要求學校盡快取消種族隔離政策。不過許多人反對這項決定。在1957年，阿肯色州州長拒絕服從取消隔離學校的命令。艾森豪總統派遣軍隊到阿肯色州的小岩城 (Little Rock) 執行最高法院的判決，黑人小孩上下學均由軍隊護送。

十年後，多數學校仍是採取隔離政策，但最高法院之後做了許多否定「分離但平等」政策的判決，鼓舞了眾人，這些判決禁止政府設立種族

圖片來源：由聯合報提供

● 金恩和其他公民的行動如何終結種族隔離政策？

隔離的游泳池、高爾夫球場和其他公共設施。許多人參與民權運動，抗議黑人受到次等公民的待遇。數十萬人在金恩博士（Martin Luther King, Jr.）的帶領下，聚集在華盛頓特區示威抗議種族歧視。民權運動說服了國會在1964年立法確認種族歧視違法。儘管現在美國種族歧視的問題仍然很嚴重，但是合法的強制隔離已經成為歷史。

## 你的看法如何？

1. 最高法院在布朗控告教育委員會案中必須處理的問題是什麼？最高法院最後做成什麼樣的判決？

2. 在這件案子中，最高法院的判決產生了哪些影響？最高法院的判決為什麼無法發揮作用？

3. 記得前面幾個問題的答案，你認為最高法院的司法審查權在設計上有哪些優、缺點？

4. 你覺得最高法院的司法審查權以及對這項權力的限制有哪些需要改變的地方？這些改變會產生哪些利弊得失？請說明你的立場。

## 課後練習

1. 最高法院有權力宣告立法機構以多數決通過的法律違憲。你能否針對最高法院享有這項權力提出支持或反對的理由？將你的論點做成一張圖表。你也可以跟一些同學就這個主題進行辯論。

2. 搜尋報章雜誌，找個最高法院最近在審理的案件。這件案子牽涉哪些權利和利益？假如最高法院認定這件案子中的法律或行為違憲，可能有哪些影響？這些可能的影響是否表示最高法院權力過大或是不足？試說明原因。

註：本課內容著重在介紹美國的司法制度，我國則是以司法院大法官會議作為最終釋憲機關。建議可以我國大法官釋憲文作為練習。

# MEMO

## 第十三課　如何設置一個權威職位？

### 課程目標

在這一課當中，你將運用所學到的來設計某個權威職位。這個職位將負責處理小河市（一個虛構城市）的環境問題。在上完這一課後，你應該懂得怎麼設計權威職位的責任、職權、權利與限制。

### 設置一個權威職位

在這個活動當中，你將以小河市市議員的身分設置一個權威職位。請先閱讀故事「整治米諾那湖」，然後分成幾個小組，依照指示進行活動。

#### 整治米諾那湖

小河市雖然很小，但卻與美國大多數城市有著同樣的問題。保護環境和提昇小河市居民的生活品質，是市民關心的重要議題。市議會在去年花了很多時間調查一些環境問題。

市議員們尤其擔心米諾那湖的污染問題。這座湖位於小河市的南邊，提供當地居民飲用水和魚獲。由於污水處理設施不良，導致城市的污水在未經處理的情況下就排入米諾那湖，有關當局因而數度必須封閉該湖。

● 你會設置什麼樣的權威職位來解決環境問題？

● 你能提出哪些論點支持你所設計的權威職位？

然而，還有一個甚至更嚴重的問題，那就是化學污染。近幾年來，工廠不斷排放有害化學物質到米諾那湖裡，甚至當地最大的企業也不例外。去年春天，州衛生部門建議居民在湖水淨化完成前，不要再吃當地捕捉到的魚。

市議會一連舉辦了好幾場公聽會，請到一些專家發表意見，包括兩位來自州立大學的教授。州衛生部門的人員、當地的醫生以及醫院的人員都認為米諾那湖對居民健康可能造成危害。另一方面，商會代表、產業工會和當地工商業代表則提到整治米諾那湖和未來防治污染所要付出的代價。他們主張這些代價可能迫使工廠關閉，造成當地居民失業。

有些提案建議整治米諾那湖。市議會的議員舉棋不定，他們同意整治米諾那湖和防範進一步工業污染有其必要，但在此同時，他們也了解這麼做要付出多大的代價，又會為當地產業帶來多大的風險；他們擔心有些公司可能不願配合麻煩的環境管制措施，而選擇離開小河市。

米諾那湖的污染是市議會所面臨最嚴重，但卻不是唯一的環保問題。還有其他提案建議管制空氣污染和實施垃圾回收。市議員覺得他們需要在市政府內設置一個權威職位（部門）專門處理環保問題。但該設置哪種職位呢？

■ 是該找一個人全權負責處理環境問題；還是找兩個人，一個負責解決居住環境問題，另一個則負責處理工業環境問題？或是該成立一個委員會，而不是只交由一、兩個人來做？
■ 擔任新職位的人應該是選舉產生或是市議會指派？
■ 這項權威職位應該有哪些責任、職權、權利與限制？

小河市市議會決定成立一個特別委員會來評估這些選項，並提出行動方案。

## 給特別委員會的指示

每組學生都要負責設計一個新的權威職位，來處理小河市的環境問題。選出一位同學擔任主席，來帶領討論，並選出一位同學負責記錄。

在第90頁有「設計權威職位的思考工具表」。各組在設計權威職位時，應該考量到這張表列出的問題。確定所有組員都有仔細閱讀、討論，並回答每個問題。

發表你們的方案

1. 各組應該準備說明自己這組建議設置的權威職位。說明內容應該包括下列幾個
部分：

■ 設置這個職位的目的
■ 這個職位的責任、職權、權利與限制
■ 規劃出來的這個職位可能產生的影響（代價與利益）

2. 每組有三分鐘時間陳述自己的規劃，其他同學可以問問題。

3. 所有組別發表完畢後，全班應該針對各組建議的職位討論其優、缺點。所有同學
都可以以個人身分提供每一個規劃的修改意見。

4. 最後舉行投票，決定哪個權威職位設計得最適合處理小河市市議會所面臨的環境
問題。

## ● 課後練習

1. 你們班已經就小河市環境問題的處理方式達成了決議，你是否同意這
項決議？寫封信給小河市的報社編輯，說明自己是支持或反對這個
新權威職位的提案。或畫篇漫畫陳述自己的觀點。

2. 試想一個你的社區或城鎮所面臨的環境問題，而這個問題可能可以藉
由設置權威職位來解決。運用你在這個單元所學到的，來設計一個權
威職位去處理這個問題，你可以用一些照片來說明你的想法。

3. 從你的學校、州或國家選個你覺得應該重新設計的權威職位。畫張表
或寫篇短文闡述你會怎麼改善這個職位。

| 設計權威職位的思考工具表 ||
| :--- | :--- |
| **問 題** | **答 案** |
| 1 要解決的是什麼問題？ | |
| 2 設立權威職位是否有助於解決這個問題？或有其他更好的方法可以達到同樣目的？說明你們的想法。 | |
| 3 你們這組建議設立什麼樣的權威職位？<br>■ 一個或多個的職位？<br>■ 個人或委員會？<br>■ 由選舉產生或指派？<br>說明你們所依據的理由。 | |
| 4 這項權威職位應有哪些責任、職權、權利和限制？應考慮到：<br>■ 責任輕重<br>■ 所得到的資源<br>■ 被賦予和被限縮的權力<br>■ 容易評估與否<br>■ 是否有方法預防權力遭到濫用<br>■ 是否注重公平程序及重要價值 | |
| 5 設置這麼一個權威職位可能帶來哪些影響？想想你們所設計的職位會產生哪些利弊得失。 | |